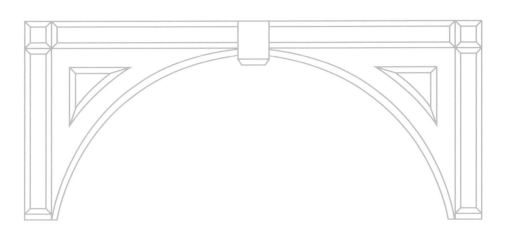

キリスト教教父著作集

3/Ⅲ

エイレナイオス5

異端反駁 Ⅴ

大貫 隆 訳

教文館

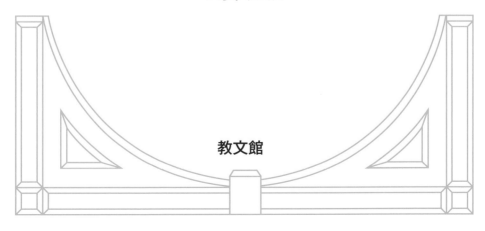

目次

装幀 熊谷博人

凡　例

- 「　」　直接話法の他、聖書が引用されている箇所を示す。
- 〔　〕　読者の理解を容易にするために訳者が補充した追加情報を示す。
- （　）　本文そのものが含意するところ、あるいは単語（例えばギリシア語）の意味を訳者が補充したことを示す。
- 〈　〉　底本の校訂者（ルソー／ドートレロー／メルシエ）による補充を示す。
- ［　］　底本の本文と別の読み方を採ったことを示す。
- 章節区分　ハーヴェイのものでなく、底本の採った伝統的区分による。
- **太明朝体**　ギリシア語断片を底本としたことを示す。
- **ゴシック体**　原文にはない見出し。
- 固有名詞　原則として岩波書店版の『旧約聖書』と『新約聖書』に準じる。しかし、長音の有無は慣行を第一とすると同時に、神話上の術語として現れるギリシア語については、原則として原語の長音を再現している。
- 聖書文書の略号　岩波書店版の『旧約聖書』と『新約聖書』に準じる。

エイレナイオス
『異端反駁』第五巻

第一部　パウロの手紙が証しする肉体の復活（一～一四章）

緒言　前巻でやり残した主の教えとパウロの手紙（序）

序　親愛なる友よ、私はすでに公にされている前四巻において、すべての異端者たちを引き合いに出して報告し、彼らの教説を暴露ずみである。また、不信心な考えをでっち上げた者たちに対する論破も終わっている。その際私は、異端者のグループが文書に書き下しているそれぞれ固有な教説に対してそうしたこともあれば、理性と歩みを共にするあらゆる証拠に照らしてそうしたこともある。今や、真理が証明されたのである。教会の宣教も明瞭に示された。たしかにそれは、前述のとおり、すでに預言者たちによって告知されていたことであった。しかし、キリストが初めてそれを完成させたのであり、使徒たちがそれを忠実に伝承し、それを教会が受け取ったのである。全世界の中で教会だけがそれを忠実に遵守して、自分の子供たちに伝えているのである。こうして異端者たちがわれわれに投じているすべての問題がすでに解決されたわけである。さらに私は使徒たちの教えも説き明かした。また、主が比喩を使って語ったり、行ったりされた実に多くのことについても解説を終わっている。

この著作全体の課題は、誤ってグノーシスと呼ばれているものを報告すると同時に論駁することであるが、その第五巻にあたる本巻では、これまで触れないまま残されてきた主の教えと使徒たちの手紙に基づいて、改めて論証を試みたいと思う。それは君が私に求めているところでもある。私が君のその指示〔求め〕に耳を傾けるわけは、私が御言葉を語ることに任える者だからである。[1] 私はあらゆる労を厭わず力の及ぶかぎり、異端者たちがわれわれに向かって唱える異説に反論する上で君の役に立ちたいと思う。そして迷える者たちをふたたび連れ戻して、神の教会へ立ち帰らせるとともに、新たに洗礼を受けた者たちの思いを堅くしたいと思う。それは彼らが教会から受けた信仰を揺るぎなく堅持するためである。それは教会がこれまで立派に堅持してきた信仰なのである。彼ら〔新たに洗礼を受けた者たち〕が悪しきことを教えて真理から逸らせようと試みる者たちによって、あらぬ方向へ誘惑されるようなことは断じてあってはならない。そのためには、君もまた、さらには本書を読まれるすべての方々も、私が本巻に先立つ巻で述べたことを、今一度さらに注意深く再読していただく必要がある。そうすることで、君はわれわれが論駁している当の相手の議論そのものを知っておかねばならないのである。なぜなら、君にとって彼らへの反駁は当然なさねばならないことであるからだ。そして君はその反駁の材料を本書がすでに用意したものの中から手にすることができる。君は信仰によって、彼らの教説をいわば糞のように天上から投げ捨てることができる。[2] **君が従うべきは、確固たる真理の教師、すなわち神の言葉であり、われらの主なるイエス・キリストただひとりなのである。これは無窮の愛ゆえに、われわれがそうであるものと同じものとなられた方である。それはわれわれを彼がそうであるものと同じものへとやがて完成してくださるためである。**

一　受肉から要請される肉体の復活（一～二一章）

受肉の現実（一・一）

一 1 もしわれらの師が、すなわち、言葉《ロゴス》として存在していた方が、人間になることがなかったなら、われわれは神に係ることを学ぶことができなかったことだろう。なぜなら、父ご自身の言葉《ロゴス》より他には、だれも父に係ることをわれわれに語ることができなかった[3]だろうから。というのも、他の「一体だれが主の思いを知り、主の相談相手となったことだろうか」[4]。また、われわれはわれらの師を目で見て、その声を自分たちの耳で聞いて学んだのである。それ以外の仕方では学ぶことができなかっただろう。われわれがそうして学んだのは、彼の行いに倣う者となり、その教えを実行する者となって、彼との交わりに与る[5]ためであった。そして完全なる方、また、すべてのものが造られる前からおられた方〔である彼〕によって成長させてもらうためであった。われわれは、ただひとり至高にして善なる方〔神〕によって、つい最近造られたばかりなのである。その方〔神〕は不滅性を賜物としてお与えになる方である。われわれはその方に似るもの[6]となるように造られたのである。そして未だ存在していないときから、父の予知によってやがて存在するようになるべく予定されていたのである[7]。しかし、予定されていた時に〔実際に〕〔被造物の初めとして〕造られたのは、言葉《ロゴス》の働きのおかげであった。それはあらゆる点で完全であり、力ある言葉《ロゴス》、真の人間に他ならない。それはご自分の血によってわれわれを贖うために[8]、捕われの身にある者たちのための贖いの代価としてご自分を献げられた[9]。われわれは本性からすれば全能の神のものであるにもかかわらず、離反が不当にもわれわれを支配し続け、われわれを本性に背かせ、弟子として自分自身に従わせた。しかし、あらゆる点で力ある神の言葉《ロゴス》は正義においても不足がないゆえ、その離反そのものに立ち向かわれたのである。そしてご自分に属するものを離反のもとから贖い出された。それは、離反が初めにわれわれの上に支配するようになったとき、自分のものではないものを飽きることなく略奪したごとく、力ずくのことではなくて、説得によるものであった。神が望まれることを力づくではなく、説得によって実現されることは、いかにもふさわしいことであった。そうすることによって、正義が曲げられることも、神の古い創造の業が潰えてしまうこともないためであった[10]。**このように、主は血によ**

ってわれわれを贖い出し、[11] われわれの心魂に代えてご自分の心魂をお与えになり、われわれの肉体に代えてご自分の肉体をお与えになった。そして父の霊を注いで、神と人間が一体となり、互いに交わりを持つようにされた。すなわち、霊によって父を人間たちのもとへもたらし、ご自分の受肉によって人間たちを神のもとへもたらしたのである。主はその到来によってわれわれに彼との交わりによる不滅性を確実かつ真実にお与えになった。そのことによって、すでに異端者たちの教説はすべて壊滅してしまっているのである。

受肉は仮現論者やヴァレンティノス派の人々を無にする（一・二）

一2 すなわち、彼〔神の言葉〕はただ見かけ上〔受肉して地上に〕現れたにすぎないと言う者たちは空疎である。[12] なぜなら、これらのことは見かけ上のことではなく、真理の基盤の上で起きたことだからである。逆に、もし彼が〔実は〕人間ではなかったにもかかわらず、人間として現れたのだとすると、彼が真にそれであったところのもの、すなわち神の霊であり続けることもしなかったことになる。なぜなら、霊は目に見えないものだからである。また、彼の中には一片の真理もなかったことになる。なぜなら、彼はそう見えたところのものではなかったと言うのであるから。私がすでに前述したとおり、アブラハムやその他の預言者たちは預言者として彼のことを予見して、やがて起こるべきことを幻によって予言した。さて、もし彼もこの期に及んで、人間の目にそう見えたところとは違う者として現れたと言うのであれば、それは人間たちに予言の幻が与えられたということを意味する。そして、彼のまた別の到来が起きることを期待しなければならないことになる。そして彼はそのとき初めて、今の時点では予言の幻としてだけ見られているものそのものになるであろう。しかし、私がすでに証明済みのとおり、かたや彼が見かけ上現れたにすぎないと言うことと、かたや彼はマリアから何一つ受け取ってはいなかったと言うことは、実は同じことなのである。なぜなら、もし彼がアダムの古い創造をご自分の中に再統合(13)していなかったならば、彼は肉と血を真に身に帯びてはおられなかったことになり、それによってわれわれを贖い出してくださることもなかったはずだからである。したがって、そのようなことを教えて、肉が生命に与ることを排除するヴァレンティノス派の者たちは空疎なことを語っているのである。

受肉はエビオン派の人々を無にする（一・三）

一[3] 空疎ということでは、エビオン派の者たちも同じである(14)。彼らは神と人間が信仰によって一つになるということに得心しないのである。むしろ、人間の生殖という古いパン種(15)にこだわり続けるので、聖なる霊がマリアの上へやってきて、いと高き方〔神〕の力が彼女を被ったということ、それゆえに〔彼女から〕生まれてきたものは聖なるものであって(16)、万物の父なるいと高き神の御子であることを理解しようとしないのである。万物の父はそのようにして御子を受肉させることによって、新しい生殖をお示しになった。それは、われわれが古い生殖によって死を受け嗣いできたように、その新しい生殖によって生命を受け嗣ぐようになるためであった。この理由から、この者たちは天に由来するぶどう酒〔に水〕を混ぜ合わせること(17)を拒否している。むしろ自分たちは、世俗の水にすぎない者であろうとしている。なぜなら、彼らは神を自分たちに混ぜ合わせることを潔しとしないからである。そのために、あの〔罪に〕捕われ楽園から追放されたアダムの立場にとどまり続けるのである。

　その際、彼らの念頭にはまったくないことであるが、われわれが初めにアダムにおいて創造されたときには、神からきた命の息がその被造物に合体して(18)初めて、人間を有魂の生き物とし、理性を具えた生き物としたのであった。それと同じように、この終わりの時には、父の言葉《ロゴス》と神の霊が古い被造物アダムに合体することによって、人間を生きる者とし、完全なものとし、完全なる父を把握することができる者としたのである。それは、われわれ全員が心魂的なものとしては死ぬべき者であるのと同じように、霊的なものとしては全員が生かされるようになるためである。なぜなら、神の両手[19]は一時もアダムを離れたことがないからである。父はその両手に向かって、「さあ、われわれの形にしたがい、われわれに似せて人間を造ろう」[20]と言われたのである。まさにそれゆえに、その両手は終わりの時に、「肉の欲によってではなく、人の欲によってでもなく」[21]、むしろ父の御心に適うところにしたがって、生ける人間を形作ったのである。それはアダムが神の形と類似性に即したものとなるためであった。

受肉はマルキオン派の人々を無にする（二・一）

二 1 空疎ということでは、主が自分とは無縁の領域へやって来て、まるで他者のものを欲しがったかのごとくに言う者たちもまた同じである。その結果、彼らは別の神によって造られた人間を、あろうことか、その人間を造ったことも創造したこともなく、本来の意味の人間の創造からは初めから無縁であった神のもとに連れていく始末なのである。したがって、彼らによれば彼の到来は無縁なものの中へ行われた侵入となる。それは正義に反するものである。もし彼が〔その到来において〕本当に人間となったのでなければ、彼は自分の血によってわれわれを真に贖った[22]ことにならないのである。〔彼が人間となったのは、〕人間は神の形と類似性にしたがって造られたという最初の宣言を自分の創造物〔人間〕のために取り返すためであった。彼は他者のものを奸知によって略奪したのではなく、もともと自分のものであったものを、正義に適った仕方で、しかも善意によって取り戻したのである。実に、〔神からの〕離反に関するかぎり、彼はご自分の血によってわれわれをその離反から贖い出してくださった。それは正義に適っている。そしてわれわれが贖い出されたことに関して言えば、それは善意によったのである。なぜなら、われわれはそれ以前には彼に何一つ差し出してはいなかった(23)し、彼の方からもまた、何かの必要を感じているかのように、われわれに何かを求めることも決してなかったからである。むしろ、われわれの方こそ彼との交わりを必要としているのである。それゆえにこそ、彼は善意から自らを差し出して、われわれを父の懐へ集めようとされたのである。

受肉は肉体の復活を否定するすべての人々を無にする（二・二〜三）

二2まったく空疎なのは、神の普遍的な経綸を蔑ろにする者たちである。彼らは肉体が救いに与ることを否定し、それが新たに再生するということを軽蔑している。曰く、肉体は不滅性を受け容れるには値しないと言うのである。しかし、もし本当に肉体が救われないのだとすれば、それはすなわち主がその血によってわれわれを贖うこともなかったということであり、聖餐式の杯も彼の血との交わりではなくなり、われわれが裂くパンもまた彼の身体との交わりではないことになる。血というものは、血管、肉、およびその他人間の実体を成すものから出るのでなければ血ではない。それゆえ、使徒〔パウロ〕も同じことをこう言っているのである。「わたしたちはこの方〔御子〕において、その血によって贖われ、罪をゆるされた」(24)。われわれは彼の肢体であり(26)、被造物によって養われている。その被造物は彼が自ら御心のままに、ご自分の太陽を昇らせ雨を降らせる(27)ことによって、われわれに与えてくださったものである。それゆえに、彼は被造物〈の一部にすぎない〉あの杯をご自分の血だと言い表された(28)。それはわれわれの血を強めるためであった。被造物〈の一部にすぎない〉あのパンを、ご自分の体であると言い切られた(29)。それはわれわれの身体を強めてくださるためであった。

二3さて、混ぜ合わされたぶどう酒の杯と用意されたパンが神の言葉《ロゴス》を受け容れ、それによってキリストの血と体の聖餐となる。それによってわれわれの肉の実体が成り立って成長してゆく。そうだとすれば、彼ら

〔肉体が救いに与ることを否定する者たち〕は肉体が神からの賜物――すなわち、永遠の生命――に与るに値することを一体どのように否むことができるのか。肉体もキリストの血と体によって養われ、彼の肢体の一部で〈ある〉にもかかわらず。それゆえに、祝福された使徒〔パウロ〕もエフェソの信徒への手紙の中で、こう言っているのである。「わたしたちは彼の肢体の一部であり、彼の肉と骨から成っているのである」[30]。使徒がここで言っているのは、何か霊的なもの、あるいは何か目には見えない人間のことではない。なぜなら、霊には骨も肉もないのだから[31]。使徒はむしろ実際の人間の体の組成について語っているのである。それは肉、神経、そして骨からできている。それがあの杯、すなわち彼の血によって養われ、あのパン、すなわち彼の体によって強められるのである。ぶどうの木は地に植えられると、しかるべき時になれば実を結ぶ。「一粒の麦も地に落ちて[32]」死ぬが、やがて立ち上がって何倍もの実を結ぶ。それはすべてのものを神の霊が保っているからである[33]。これらのものは〔神の〕知恵によって人間の役に立つようにされている。そして神の言葉《ロゴス》を受け容れれば、聖餐、すなわちキリストの体と血となるのである。以上のことと同じように、われわれの身体もそれ〔聖餐[34]〕によって養われるが、やがて地に戻され、そこで解消される。しかし、時が来れば再び立ち上がる。それ〔われわれの身体〕に神の言葉《ロゴス》が復活をお与えになって、「父なる神の栄光[35]」を現されるからである。事実、父は死ぬべきものを不死性で被い、滅ぶべきものに不滅性を無償でお与えになる[36]。なぜなら、神の力は弱さの中でこそ満ち足りるからである[37]。それは、われわれがあたかも自分自身の力で生きているかのように思い上がって神に反抗し、恩知らずな考えを抱くことにならないためである。むしろわれわれは経験から学ばねばならない。われわれが永続性を手にするのは、ひとえに父なる神の偉大さによるのであって、決してわれわれ自身の本性によるのではないことを。また、神がどのような方であるのかについてのあるべき意見[38]から外れたり、われわれ自身の本性を知り損ねたりしてはならない。むしろわれわれは、神には何がおできになるのか、人間は何を善意の賜物として受けたのかを知らねばならない。そしてわれわれは今現に存在しているものについて、また、それらがどのように存在しているのかについて、ということは、すなわち神と人間に係ることについて、どのような時であれ、正しい理解から外れてはならないのである。すでに述べたことであるが、われわれが大地に戻って解消されること[39]を神が敢えて耐え忍ばれたのは、それによってわれわれがあらゆることについて教育され、あらゆる点で注意深くなって、神について、そして自分たち自身について無知なままでいることがないようにするため以外に、一体何のためであっただろうか。

二　神の力のわざとしての肉なる人の復活（三～五章）

わたしの力は弱さのうちに現れる（三・一）

三1 **パウロが紛う方なく明らかにしているとおり、人間がそれぞれ自分の弱さに引き渡されたのは、高慢になって真理から外れることがないためであった。彼は**[40]コリントの信徒への第二の手紙で**こう言っている。**「わたしには、〔受けた〕啓示の素晴らしさゆえに思い上がることがないようにと、肉体の棘が与えられた。それはサタンからの使いとして、わたしを撃つためであった。このことについてわたしは三度、それが取り除かれるようにと請い求めた。すると主はわたしにこう言われた。『あなたにとって、わたしの恵みは十分である。なぜなら、力は弱さの中で完成されるからである』と。**それゆえ、わたしはむしろ弱さを誇ろう。それはキリストの力がわたしの中に宿るためである**」[41]。ここでおそらくだれかがこう問うであろう。「一体これはどういうことなのか。主はご自分の使徒をそのように撃って、使徒がそうまでして自分の弱さに耐えることを望まれたのか」と。すると言葉《ロゴス》がこう言われた。「そのとおり。なぜなら、力は弱さの中で完成されるからである」

と。その力は自分自身の弱さを通して神の力を知る者をこそ、よりよい者にするからである。人間自身は弱く、本性上死すべき存在であるが、神は不死で力ある方である。この両方を経験することなしに、一体人間はいかにしてそのことを学び得たであろうか。自分の弱さに耐えることを通してそれを学び知ることは悪いことではない。自分自身の本性〔の評価〕において道を間違えないことは、むしろよいことである。高慢になって神に反抗し、誉れを自分自身だけで独り占めにすることは、これまでに繰り返し感謝を知らない人間を造り出してきたし、その人間に多くの禍をもたらしてきた。すなわち、その者から真理と愛を剝奪してきた。その愛とは彼を造った方への愛のことである。しかし、〔人間の弱さと神の力の〕両方を経験することは、神と人間についての真の見識を人間に与え、神に対する彼の愛を成長させてきた。愛が成長するところでは、神を愛する者たちに与えられる栄光も、神の力によって、ますます大きくなるのである。

神は肉を生かすことができ、肉は神によって生かされることができる（三・二〜三）

三 2 そういうわけで、彼らは神の権能を退けて、何が真理なのかにも思いを潜めず、ひたすら肉の弱さばかりを見つめていて、死人たちの間からそれを甦らせる(42)ことができる方の力に思いを潜めることがない。(43)もし神が死ぬべきものを生かし、滅ぶべきものを不滅性へと呼び戻す(44)ことができないのであれば、それは無力な神である。しかし、神にはそのすべてをなす力がある。そのことはわれわれ自身の始まりから考えなければならない。すなわち、神は地の泥を取って人間を造られたのである。(45)未だ骨もなければ、筋もなく、血管もなければ、人体の組成に属するその他のものもまったくないところから、人間を造って存在せしめ、しかも心魂と理性を具えたものとすること。これは、すでに一度造られ、その後で、前述のような理由から、またふたたび土に戻っていったものをもう一度元通りにすることよりも、はるかに困難で、信じがたいことなのである。なぜなら、それ〔土に戻っていったこと〕は、人間がいわば未だ生まれていなかった初めに戻っていったにすぎないからである。神は未だ存在しなかった者を自分の望まれた時に造って、存在させた方である。そうであれば、その神はなおさら、すでに一度存在した者たちを自分の望むとおりにもう一度立て起こし、彼らが神から与えられる命に至るようにして然るべきであろう。肉は神の力を受け止め、受け容れることができることが明らかになるだろう。それはすでに初めの時に、神の匠の技を受け取ったことがある。物を見る目となったものもあれば、物を聞く耳となったものもあり、(46)物に触って造る手となったものもあれば、あらゆるところへ張り巡らされて、(47)肢体をつなぐものとなったものもあり、動脈と静脈、すなわち、血液と気息を運ぶものとなったものもあれば、さまざまな内臓となったものもあり、血液、すなわち、心魂と身体をつなぐものとなったものもある。そうだとすると、どうなるのか。人間の肢体の制作を余すところなく数え上げることはできない。それは神の大いなる知恵なしには(48)起き得ないことであった。(49)しかし、神のその知恵に与るものは、神の力にも与るのである。

三[3] したがって、肉は神の知恵と力から排除されているわけではない。すなわち、生命を与える神の力は弱さの中で完成される、(50)つまり肉において完成されるからである。それゆえ、肉は神から与えられるその生命に与ることができないと主張する者たちは、是非われわれに回答してもらいたい。そのように言う彼らは今現に生きて、生命に与っている者としてそう言っているのか、それとも今現に彼らは生命というものには何一つ関係することなく、いわばすでに死人であると自認しているのか、そのどちらなのか。もし仮にすでに死人だと言うのであれば、一体どうして彼らは体を動かし、物を言っているのか。また、死人ではなく、現に生きている者がするその他のことを行っているのか。反対に、もし彼らが今現に生きていて、彼らの身体がまるごとその生命に与っているのだとすれば、一体どうして彼らは肉が生命に与れないなどと憚りなく言うことができるのか。自分たち自身が今現にその生命を持っていることを承認していながら。それは喩えて言えば、ちょうどある人が水をたっぷり含んだ海綿か燃え盛る松明を手に持ちながら、海綿は水に、松明は火に与るところがないと言うようなものである。自分たちは生きていると言い、自分たちの肢体に生命を躍動させていると〔言いながら〕、その後になって自家撞着を犯しながら、自分たちの肢体は生命に与ることができないと言い出す輩たちも、それとまったく同じである。目下の時間に縛られた生命は永遠の生命にくらべると、はるかに弱いものである。それにもかかわらず、もしそれにわれわれの死すべき肢体を生かす力があるのだとすれば、一体どうして永遠の生命が肉を生かさないということがあり得ようか。おまけに、その肉はすでに生命を担うように訓練され、かつそのことに慣れているのである。肉が生命に与ることができるということは、肉が現に生きている事実によって証明される。もちろん、肉は神がお望みになる範囲で生きるのである。しかし、肉に生命を与えることが神にはできる。これは明白である。神がわれわれに生命を与えてくださるからこそ、われわれは生きているのである。そのように神はご自分の被造物〔肉体〕を生かすことができ、肉は生かされることができるのである。そうだとすれば、一体何がなお、肉が不滅性に、すなわち、神から与えられる祝福された終わりなき生命に与ることを妨げようか。

異端者たちの描くいわゆる「父」は無力とねたみに他ならない（四・一〜二）

四 1 創造主である父の他に別の「父」をでっち上げて、それを善なる父と呼ぶ者たちは、われわれの身体が彼によって生かされることはないと主張する場合に、自分たちでも気づかないうちに、その「父」を力弱く、役立たず、そして無関心な者にしてしまっているのである。われわれとしては、妬み深く気前が悪い、とまでは言わないでおくが。なぜなら、彼らの言うところでは、精神や心魂やそれに類するものなど、だれの目にも永続するものであることがはっきりしているものは、すべてその「父」によって生きるものとされるので、不死なのである。ところが、〔真の〕神から贈与される以外には生かされないものは、放棄されてしまう。この場合、彼らが言う「父」は無能力であるか、力が弱いか、そのどちらかであることが暴露される。なぜなら、〔真の〕創造主は、すでに述べたとおり、この世界でもわれわれの死すべき身体を生かし、預言者たちを通してそれに復活を約束してきた方である。一体だれがその方以上に能力があって、力が強く、真に善良な者であることが証明できようか。人間をまるごと生かす〔真の〕創造主の方〔が強いの〕か、それとも不当にも「父」と名づけられた彼らの神なのか。〔しかし〕彼らのその「父」は、もともとの本性からして不死だとされる者たち、したがって生きることもその本性から具わっている者たちについては、たしかに彼らを生かすという話になっているが、生きていくためにはその「父」の助けが必要な者たちについては、彼らを善意によって生かすことをせず、むしろ気にもかけずに死の中に放置するのである。彼らの言う「父」は、そのような者たちに生命を与えることもできるのにそうしないのか、それともそれができないのか。もしできないから与えないのであれば、彼は造物主〔デーミウールゴス〕よりも能力があるわけでも完全でもない。なぜなら、ご覧のとおり、その造物主は彼らの「父」が与えることができないものを与えるのであるから。逆にもし与えることができるのに与えないのであれば、彼が善良な者であるとはもはや証明できず、むしろ妬み深く他者を顧みない「父」であることが暴露されるわけである。

四2 なぜ彼らの言う「父」は身体を生かさないのか。もし彼らがそのことの別の原因を言うことができたとしよう。するとその原因は、必然的にその「父」よりも大いなるものとして立ち現れねばならないことになる。そして、彼の善意を差し押さえるものでなければならない。彼の善意は彼らが持ち出すその原因のゆえに、力を剥奪されて弱いものとなるだろう。しかし、身体が生命に与ることができるということ、このことはすべての人の目に明らかである。なぜなら、それは神がお望みになるかぎり、生きるものだからである。それゆえ彼らはもはや、身体には生命を受ける活力がないなどと言うことはできないのである。したがって、もし必然性と何か別の原因があるために、本来は生命に与ることができるものが生かされ得ないのだとすれば、彼らの言う「父」はその必然性と原因に従属する者になり下がるわけで、もはや自由でもなければ、自分の判断の主権者でもないことになるだろう。

神の生かす力を描く聖書の諸例（五・一〜二）

五1 〔聖書によれば、人間の〕身体は、息災であることが神のお気に召すかぎり、大変長い生涯にわたって保たれたのである。彼ら〔グノーシス主義者たち〕はそのことを聖書から読み取らねばならない。そうすれば、われわれの祖先たちは七百年、八百年、いや九百年をも超えて生きたことが分かるだろう。(51) 彼らの身体はそれだけの年月を生き続け、神がお望みになったとおりに、生命に与ったのである。(52) その祖先たちについて、われわれは何を言えばよいだろうか。エノクは神のお気に召した。そして神のお気に召したその身体のまま取り去られた。(53) そのことによって彼は、やがてその他の義人たちも同じように取り去られることを予示したのである。エリヤもまた被造の身体にあるままで天に上げられた。(54) そのことによって彼はやがて霊的な人々(55)も同じように天に上げられることを予言したのである。彼らがそのように取り去られたり天に上げられたりしたとき、彼らの身体は何の妨げにもならなかった。彼らは最初にあの神の両手によって造られたのであるが、やはり同じ両手によって天に上げられ、また取り去られたのである。なぜなら、神の両手はあのアダムにおいてすでに自分たちが造ったものを導き、保全し、担って、好きなところへ運んでいって、そこに置くことに慣れていたからである。それでは、最初の人間は一体どこに置かれたのか。それが楽園の中であったことは、聖書がこう語っている。「そして神はエデンの東に楽園を設けた。そして形作った人間をそこに置かれた」[56]。しかし最初の人間は不従順のゆえに、そこからこの世界の中へ追放された。それゆえに、使徒たちの弟子であった長老たちが言っているとおり[57]、取り去られた者たちもそこ〔楽園〕へ移されたのである。なぜなら、義しい人間たちと霊を具えた者たちのためにこそ、楽園が準備されたのであるから。使徒パウロもその楽園まで運び上げられて、そこで今現にあるわれわれには口にしがたい言葉を聞いたのである[58]。移された者たちは、万物の完成されるときまで、不滅性に向かって身を伸ばしながら、そこにとどまるのである。

五2 いや、人間がそれほど長く生きることは不可能だと考える人がいるとしよう。また、エリヤも肉のまま天に上げられたのではなく[59]、あの火の戦車で彼の肉も焼き尽くされてしまったはずだと思う人がいるとしよう。その人には是非よく考えてもらいたい。あのヨナは海の底へ投げ込まれ、鯨の腹に呑み込まれてしまったが、神の命によって、ふたたび無事に吐き出されて地に戻されたのである[60]。また、アナニヤ、アザリア、ミサエルは七倍も熱くされた炉の中に投げ込まれたが、何一つ損傷を負わず、火傷の臭いもしなかった[61]。そのとき彼らの傍らに立って、人間の本性にとっては信じられないような、そして不可能と思われることを彼らの上に起こしたのは、神の手〔単数〕であった。同じ神の手が、あの取り去られた者たちの上にも、神の御心にしたがって、何か信じがたいことを行ったとしても、何か驚くべきことであろうか。その神の手とは神の子のことなのだ。そのことについては、聖書によれば、ネブカドネツァル王がこう言っているとおりである。「われわれが炉に投げ込んだのは三人ではなかったか。しかし、見よ、わたしには火の真っただ中を四人が歩いているのが見える。四人目は神の子に似ている」[62]。それゆえ、何であれ造られたものの本性も肉の弱さも、神の御心の強さを凌ぐものではないのである。なぜなら、造られたものに神が服するのではなく、造られたものが神に服するのであるから。そしてすべてのものが神の御心に仕えているのであるから。それゆえに、主も「人間にはできないことも、神にはおできになる」と言っているのである。[63]たしかに、今現に生きている人間たちには、神の経綸は分かっていない。したがって、だれであれ人間がそれほどの長い年月にわたって生きられるとは信じられず、あり得ないことと思われるはずである。ところが、われわれの祖先たちは実際にそれだけ長く生きたのであり、〔生きたまま〕取り去られた者たちは今なお生きていて、やがてきたるべき人間たちの長生を予示するものとなっているのである。また、鯨の腹と猛火の炉からさえ救い出されたことも、〔信じられず、あり得ないことと思われるはずである。〕ところが、彼らは、いわば神の手〔単数〕に引かれて、そこから出てきて、神の力を示す結果となったのである。以上のこととまったく同じように、今この時にも、神の力と約束を知らず、神による救いに異を唱える者たちがいる。彼らは、身体を再び立ち上がらせて永遠に持続させることなど、神にも不可能だと思っているからである。それにもかかわらず、そのような者たちの不信心が神の誠実を虚ろにすることはないであろう。

三　肉の復活を証しするパウロの本文（六〜八章）

あなたがたが全体として、つまり霊と魂と体が非のうちどころなく保たれるように（六・一）

六1 しかし神はご自分がお造りになったもの〔身体〕を、ご自分の子と同じ姿にされることによって、[64]栄光をお受けになるであろう。なぜなら、人間は父の両手によって、すなわち、御子と聖霊によって、神に似せて造られた（similitudo）[65]からである。しかも、それは人間全体のことであって、その一部のことではないからである。しかし、心魂と霊は人間の一部であることはできても、人間全体ではあり得ない。十全な人間とは、かたや父からの霊を受け容れた心魂が、かたや神の形（imago）として造られた肉と結合されて、両者が混ぜ合わされて合体したものなのである。まさにこの理由から、使徒〔パウロ〕は「わたしたちは完全な者たちの間では、知恵を語る」[66]と言っているのである。彼がここで「完全な者たち」と言っているのは、神からの霊を受け、その霊によって、あらゆる言語で語る者たちのことである。パウロ自身が繰り返しそのように語ったのと同じである。[67]**われわれが今現に聞いているところでは、教会の中でもそれと同じように、預言の賜物を与えられた多くの兄弟たちが、霊によってあらゆる言語で語っているのである。彼らは人間の隠された思いを明るみに引き出して役に立つものとし、神の奥義を解き明かしている。**使徒〔パウロ〕は彼らのことを霊的な者たちと呼んでいるが[68]、それは〔神からの〕霊に与ることによって霊的な者になっているということなのであって、肉を剥奪したり、排除したりしてのことではない。もしだれであれ造られたものとしての肉の実体を取り去って、裸形の霊それだけのことを考えるとしよう。ところが、そのようなものはもはや霊的な人間とは言えない。それはむしろ人間の霊であるか、神の霊であるか[69]、どちらかにすぎない。その〔神の〕霊が心魂と混合され、造られたもの〔身体〕と一体となるときに初めて、人間は〔神の〕霊の注ぎによって、霊的で十全な人間となったのである。そしてまさにこれこそが、神の形（imago）と神との類似性（similitudo）にしたがって造られた人間なのである。もし心魂にとって霊が不在であったなら、そのような人間はまったくもって心魂的であって、肉的なものとして放置されたわけだから不全なものということになるだろう。そのような人間は、確かに造られた身体にあの形（imago）を具えてはいるものの、霊を通してあの類似性（similitudo）に与ってはいないのである。[70]そのような者が不全であるのと同じで、もしだれかがその〔神の〕形を取り去って、造られたもの〔身体〕を蔑ろにするならば、それももはや人間であるとは考えられない。むしろそれは、前述のように、せいぜい人間の一部であるか何か別のものであって、いずれにしても人間ではない。なぜなら、造られたものとしての肉はそれだけで十全な意味の人間ではないからである。それは身体であって、人間の一部にすぎない。同様に、心魂もそれだけでは人間ではない。それは人間に属する心魂にすぎず、人間の一部にすぎない。同様に霊もまた〔それだけで〕人間ではない。霊は霊と呼ばれるのであって、人間とは呼ばれないからである。これら〔三つの〕ものがすべて混合されて合体したものが、十全な人間を構成したのである。それゆえにこそ、使徒〔パウロ〕は、コリントの信徒への第一の手紙において、自分自身をさらけ出しつつ、救いに与る十全で霊的な人間のことを、こう説明しているのである。「どうか平和の神があなたがたを聖別してくださるように。そしてあなたがたが十全なものとなり、あなたがたの霊と心魂と身体も何一つ欠けたところのないものとして守られて、主イエス・キリストが来られる時にまで至るように」(71)。もしパウロがこのときこれら三つのもの、すなわち、心魂と身体と霊がふたたび統合されて一体となり、三つが同じ救いに与るということを知らなかったとして、一体彼はそれ以外にどういう理由があって、これら三つのものが主の来臨まで欠けるところなく十全に保たれるようにと請い求めたというのか。まさに今述べた理由からこそ、彼はこれら三つのものを主に対して欠けるところなく示すことができる者たちを指して、十全な者と言っているのである。したがって、十全な者とは、つねに神の霊を保って、心魂と身体を欠けるところなく保持している者たちのこと、すなわち、神への信仰を堅持して、隣人への正義に心を配る人々のことなのである。

神の神殿、キリストの肢体である肉は死によって決定的に消え去るのではない（六・二a）

六[2]それゆえに、造られたもの（身体）は神の宮であることを、使徒はこう言うのである。「あなたがたは自分たちが神の宮であること、そして神の霊があなたがたの中に宿っていることを知らないのか。もしだれかが神の宮を損なうならば、神はその者を滅ぼされるだろう。なぜなら、神の宮は聖なるものであり、あなたがたこそがそれであるからだ」(72)。このように、彼は身体が神殿であり、その中に霊が住んでいることを明言しているのである。主も同じように神殿について、こう言っている。「この神殿を壊してみよ。わたしはそれを三日で立て直してみせよう。しかし、主はご自分の身体についてそう言われたのである」[73]とある。さらにパウロは、われわれの身体のことをただ単に神殿と考えるだけではなくて、キリストの肢体でもあると考えて、こう言っている。「あなたがたは自分たちの身体がキリストの肢体であることを知らないのか。そしてキリストの肢体を取って、娼婦の肢体に変えるのか」[74]。彼がこう言っているのは、何か別の霊的な異人についてではない。なぜなら、そのような異人が娼婦とからみあうことはないのだから。パウロが言っているのは、むしろわれわれの身体、すなわちわれわれの肉のことである。それがもし聖性と清さを保持し続ければ、それはキリストの肢体であると彼は言ったのである。しかし、もしそれが娼婦とからみ合うならば、それは娼婦の肢体に変わるのであると。だから彼は「もしだれかが神の宮を損なうならば、神はその者を滅ぼされるだろう」[75]と言ったのである。その中に神の霊が住んでいる神殿とキリストの肢体が救いに与らず、却って滅びに堕ちるだろうなどと言うこと、これが最大級の瀆神行為でなくて何であろうか。

キリストの身体的復活がわれわれの身体的な復活を保証する（六・二b〜七・一a）

しかし、われわれの身体はそれ自身の実体のゆえにではなく、神の力によって復活するのである。そのことを彼はコリントの信徒たちに向かって、こう言っている。「身体は淫らな行いのためではなく、主のためにあり、主は身体のためにおられる。神は主を復活させてくださった。その力によってわたしたちをも復活させてくださるであろう」[76]。

七 1 キリストは肉の実体で復活し、弟子たちに釘の傷跡と脇腹の裂傷をお示しになった[77]。それらは肉が死人たちの間から甦ったことの証である。まさにそれと同じように、「彼はわたしたちもご自分の力によって甦らせてくださるだろう」[78]と言われている。パウロはローマの信徒たちにも、こう言っている。「もしイエスを死人の間から復活させた方の霊があなた方の中に宿っているならば、キリストを死人の間から復活させた方は、あなたがたの死ぬべき身体をも生かしてくださるだろう」[79]。そうだとすれば、死ぬべき身体とは一体何なのか。それは心魂のことなのか。しかし、心魂は死ぬべき身体と比べたら、非身体的なものである。すなわち、神は人間の「顔〔鼻〕に命の息を吹き込んだ。すると人間は生ける心魂となった」[80]からである。それはまさに命の息であるのだから。それゆえに、ダビデも「わたしの心魂は彼のために生きるだろう」[81]と、いわば心魂の実体が不死であることを言い表しているのである。また、霊も死ぬべき身体だとは言われ得ない。となると、一体それ以外の何を死ぬべき身体と呼び得ようか。造られたものであるこの身体、すなわちこの肉――パウロもそれを指して、神はそれを生かすであろう、と言っているこの肉――以外には、何もないではないか。まさにこれこそが死ぬものであり、解消されるものであって、心魂も霊もそうではない。なぜなら、死ぬとは活力の常態を失うことであり、未来への息吹がなくなることであり、心魂なきものとなって動きを止めることであり、初めにそこから存在の基を得た場所へと再び消えていくことである。しかし、これは心魂に起きることではない。なぜなら、心魂は命の息だからである。それはまた霊に起きることでもない。なぜなら、霊は合成されたものではなく、むしろ単純なもので、解消ということがあり得ず、それを受けるものにとってはそれ自体が命だからである。したがって、残されるのはただ一つ、死は肉にこそ現れてくるということのみである。肉は、心魂が去った後、気息を欠いて心魂なきものとなり、徐々に解消されて、それがもともとそこから取られた土に戻っていく。それゆえ、肉こそが死ぬべきものなのである。

肉は不滅の、栄光ある、霊的なものとして復活することになっている（七・一b〜二a）

パウロが「〔キリストは〕あなたがたの死ぬべき身体をも生かしてくださるだろう」[82]と言ったのも、同じことを指していたのである。まさにそれゆえに、コリントの信徒への第一の手紙では「死人の復活もこれと同じである。蒔かれるときは朽ちるものでも、朽ちないものへ復活するのである」[83]と言っているのである。なぜなら、「あなたが蒔くものは、死ななければ命を得ないではないか」[84]とも言っているからである。

七2 しかし、一粒の麦として蒔かれて土の中で朽ちるとパウロが言うのは、身体も種が蒔かれるのと同じ土の中へ置かれるということ以外の意味であり得ようか。まさにこの意味で、彼は「卑しいもので蒔かれ、輝かしいものに甦らされる」[85]と言ったのである。死ぬべき肉よりも卑しいものが何かあり得ようか。その肉が甦って不滅性を受けること以上に輝かしいことが他にあり得ようか。「蒔かれるときは弱いものでも、力強いものに復活する」と言われている[86]。「弱い」ものとは、すなわち、肉はもともと土だから[87]、その土に戻っていくということである。「力強い」とは神の力のことである。なぜなら、神が肉を死人の間から甦らせるからである。「心魂的な身体で蒔かれて、霊的な身体に甦る」[88]と言われている。パウロがここで論じているのは、心魂についてでも、霊についてでもなく、身体の可滅性についてである。彼がそのことを説いていることには疑いがない。そしてそれは心魂を具えた身体のこと、つまり心魂に与っている身体のことである。身体はそれを失うと、死ぬのである。

将来の復活の前払い額として、この世で信じる者に与えられている霊（七・二b〜八・一）

身体はその後で、霊によって甦り、霊的な身体となる。それから霊によって永続する生命を得る。パウロはそのことを指して、こう言っている。「今は未だ、わたしたちの知ることは一部にすぎず、預言することも一部にすぎない。しかし、その時がくれば、顔と顔を合わせて〔知るようになるだろう〕」[89]。これと同じことがペトロによっても言われている。「あなたがたは〔キリストを〕見たことがないのに愛しており、今現に見てはいない方を信じている。信じつつ、やがて言葉では言い尽くせない喜びに溢れることになるだろう」[90]。なぜなら、われわれの顔は神の顔を見ることになるからである。すなわち、神ご自身の喜びを見ながら、言葉では言い表せない喜びに躍ることになるからである。

八-1　しかし、当面われわれが受けているのは、霊の一部にすぎない。それは不滅性へと完成されていくべきもの、不滅性を準備するためであり、そのようにしてわれわれは神を捉え、神を担うことに少しずつ慣れてゆかねばならない。使徒〔パウロ〕はこのことを指して、神がご自分の栄誉の一部を保証金〔前払い〕としてわれわれに与えてくださっていると言ったのである。すなわち、エフェソの信徒への手紙で、彼はこう言っている。「あなたがたもまた、彼〔キリスト〕において、真理の言葉、救いをもたらす福音を聞き、そしてそれを信じて、約束された霊で証印を押された。その霊はわれわれが〔御国を〕受け嗣ぐための保証金である」[91]。したがって、もしこの保証金がわれわれの中に住んでいるならば、そのことによって〔われわれを〕霊的な者[92]にしてくれるのであり、死ぬべきものは不死性に呑み込まれてしまうのである[93]。「神の霊があなた方の中に宿っているかぎり、あなたがたは肉ではなく、霊の中にいるのである」[94]と彼は言う。ただし、これは肉を捨て去ってということではなく、霊との交わりにおいてという意味である。なぜなら、パウロの手紙の受け取り人たちは、肉をまとわない者たちではなく、すでに神の霊を受け取っていたからであり、「その霊によって、わたしたちは『アッバ、父よ』と呼ぶからである」[95]。したがって、もしわれわれが今現にその保証金を得ているがゆえに「アッバ、父よ」と呼ぶのであれば、われわれが復活して顔と顔を合わせながら父を見[96]、溢れんばかりの喜びにすべての肢体を躍らせて賛美を献げ、それを死人の間から甦らせて永遠の生命を与えて下さった方に栄光を帰すときには、一体何が起きることであろうか。もし今現にその保証金が人間を彼自身の内側で包んで、「アッバ、父よ」と呼ばせるのであれば、やがて霊の恵みが神から人間に残りなく与えられるときには、その恵みはさらに何を生じさせることであろうか。それはわれわれを神に似たものとし、父の御心を完成させることであろう。そして人間を神の形と類似性[97]に仕上げることであろう。

霊的なものと肉的なもの（八・二〜三）

八2 したがって、霊の保証金を持ち、肉の欲望にしたがわず、自分を霊に服従させ、すべてのことにおいて理性に即して生活する者たちのことを、使徒は霊的な人間[98]と呼んでいるのであるが、それは当然のことである。なぜなら、神の霊が彼らの中に住んでいるからである[99]。身体を持たない霊〔そのもの〕が霊的な人間であることはできないだろう。しかし、われわれの実体を成すもの、すなわち、心魂と肉が一つに合体したものが神の霊を受け取ることによって、霊的な人間を完成するのである。しかし、霊による判断を捨て去って、肉の欲求に仕え、非理性的に生活する者は、[100]**自分の放縦な欲望に堕ちて行くであろう**、と彼〔パウロ〕は言う。な**ぜなら、彼らは神からの霊の息吹を一つも持っておらず、いわば豚や犬のように生きているからである。使徒が彼らのことを肉の人間[101]と呼ぶのは当然である。彼らは肉に属すること以外には何も考えていないからである**[102]。預言者たちも、これとまったく同じ理由から、彼らを理性なき動物たちになぞらえている。彼らの理性なき生活ぶりについて、そこではこう言われている。「彼らは狂った馬のように女たちを追いかけ回し、だれもが隣人の妻を欲しがって、いななく」[103]。あるいは、「人間は栄華の中にいながらにして、家畜にひとしい」[104]。そうなるわけは、人間が自分自身が原因で家畜にひとしいものとなって、理性なき生活にうつつを抜かしたからなのである。われわれの習慣でも、この種の人間のことを理性のない家畜あるいは動物と呼ぶことがあるとおりである。

八3〔モーセの〕律法はこれらすべてのことをあらかじめ予型的に語っていた。すなわち、人間を動物になぞらえてそうしている。ひづめが二つに分かれていて、食べたものを反芻する動物はどれでも清いと言うが、二つのうちのどちらか一つでも欠けるものはどれでも汚れているとして排除するのである[105]。では、清いとは何のことか。信仰によって父と御子に向かって確固として歩む者――これがひづめが二つに分かれている獣の持つ確かさのことである。そして神からの告知に昼も夜も思いを潜めて[106]、善行によって身を飾る者――これが反芻する獣が持つ強さである。ひづめが分かれておらず、食べたものを反芻もしない獣は汚れているが、これは神を信じてもおらず、その告知に思いを潜めることもしない者たちのことである。それは異邦人たちが持つ忌まわしさのことである。たしかに反芻はするけれども、ひづめが分かれていない獣も汚れているが、これはユダヤ教徒を比喩的に表したイメージである。彼らはたしかに神の告知を口にはするが、自分たちの根を父と御子の中に確固として張っていない者たちである。そのために彼らの種族は不確かなままなのである。なぜなら、ひづめが分かれていない獣は脚を滑らせやすいが、ひづめが二つに分かれているものはそれが確かだからである。すなわち、分かれたひづめが道の状態に応じて、交互に前後して、一方のひづめが他方のそれを助けるからである。たしかにひづめは分かれているものの、反芻しない獣も同じように汚れているが、これはほとんどすべての異端者たち、さらに神からの告知に思いを潜めず、義しい行いによって身を飾らない者たちを示しているのである。主が「あなたがたはわたしに何が言いたいのか。わたしに向かって、『主よ、主よ』と言いながら、わたしがあなたがたに言うことは行わないのか[107]」と言ったのは、そのような者たちに対してであった。そのような者たちは、父と御子を信じていると言いながら、然るべき仕方で神の告知に思いを潜めることもせず、義しい行いによって身を飾ることもせず、すでに述べたように、豚や犬の生活を選び取って、不浄、大食、その他の放縦に身を委ねているからである。彼らは自分たちの不信心と贅沢に埋没して、神の霊を求めることはせず、その他にもさまざまな特徴に照らすと、彼らを生かしてくれる言葉《ロゴス》も自ら投げ捨てて、己の理性なき欲望の中をうろつき回っている者たちである。パウロがそのような者たちのことを「肉の人間」[108]あるいは「心魂的人間」[109]と呼んでいるのは当たっている。預言者たちは彼らのことを家畜あるいは野獣と呼んだ。われわれの日頃の言い回しでは、理性なき動物と見做され、モーセの律法では不浄と宣言されたのである。

四　「血肉は神の王国を嗣ぐことができない」という句の真の意味（九～一四章）

「肉と血」（九・一～二a）

九1 パウロは他の箇所でも「肉と血は神の国を嗣ぐことができない」[110]と言っているが、その意味は今述べたことと同じである。この句はすべての異端者たちがこぞって引き合いに出してくるものである。彼らはそれによって、神の造ったもの〔身体〕が救われないことを証明しようと試みるわけである。その際、彼らが視野に入れていないことがある。それは、すでに前述したとおり[111]、十全な人間とは肉、心魂、そして霊という三つのものからなるということである。そのうちの一つ、すなわち霊は救うもの、そして形作るものであり、もう一つ、すなわち肉は救われるもの、形作られるものであり、さらにもう一つ、すなわち心魂はこれら二つの間にあるものである。その心魂はあるときは霊に従い、それによって高められるのであるが、別のときには肉に同意して、地上的な欲求に堕ちてしまうのである。したがって、その救うもの、そして命へ形作るものを持っていない者はだれでも、必然的に「肉と血」となり、またそう呼ばれる。なぜなら、彼らは神の霊を自分の内に持っていないからである。それゆえに、そのような者たちは主から「死人」とも呼ばれたのである。曰く、

「死人たちに自分たちの死人を葬らせなさい」[112]と。これは彼らが人間を生かす霊[113]を持っていないことを言っているのである。

九2 神を畏れ、その御子の到来を信じ、信仰によって自分の心の中に神の霊を受け容れる者はだれであれ、清く[114]、霊的[115]で、神のために生きている者[116]と呼ばれるのは当然である。なぜなら、彼らが持っている父の霊がその人を浄め、神の生命へ高めてくれるからである。なぜなら、「肉は弱い」が霊は「熱している」[117]ことは、主によって証言されているとおりだからである。すなわち、その意味は、霊には何であれ、為そうと熱望していることを実行することができるということである。

肉の弱さとやる気のある霊（九・二b）

したがって、もしだれかが霊の熱心さを肉の弱さに、いわば棘のように添えるならば、〔霊の〕力強さが〔肉の〕弱さを凌駕することは間違いない。その結果、肉の弱さは霊の強さによって呑み込まれてしまうだろう。そうなった人はもはや肉の人間ではなく、霊との交わりのゆえに霊的な人間である。殉教者たちが証言することも同じである。彼らが死を軽蔑できるのも、肉の弱さに即してではなく、むしろ霊の熱心さによるのである。〔霊に〕呑み込まれてしまった肉の弱さは霊の権能を証明する。逆に霊は肉の弱さを呑み込んで、自分自身の中に肉を跡嗣ぎとして持つことになる。生ける人間はその両者から生れてきたのである。それが生きるものであるのは、霊に与っているからである。それが人間であるのは肉という実体のゆえである。

泥的なものの似像と天上的なものの似像（九・三）

九3 それゆえ、肉は神の霊なしでは死んだものであり、命を欠いていて、神の国を受け嗣ぐことができない。血は理性なきものであり(118)、地に流された水のようなものである。そのために、「土からできた者たちは、土からできた人にひとしい」(119)と彼〔パウロ〕は言うのである。しかし、父の霊があるところ、そこでは人間が生きる。そして血は理性を与えられ(120)、復讐のために神によって取っておかれる(121)。肉は霊に捉えられて、自分自身のことを忘却し、霊の資質をもらい受けて、神の言葉《ロゴス》と同じ形にされる。だからこそ、言われるのである。「わたしたちは、土からできた人の似姿となってきたように、天に属する人の似姿にもなっていくのである」(122)。それでは、土からできたものとは何か。それは造られたもの〔身体〕のことである。では天に属するものとは何か。それは霊のことである。彼〔パウロ〕が言うように、われわれはこれまで天からの霊なしに、古い肉の中で、神に聞き従わずに生きてきた。それと同じように、今や霊を受けて、神に従いながら「新しい命の中を歩もうではないか」(123)。(124)**われわれは神の霊なしでは、救われることができない。そのために、使徒はわれわれに、信仰と清い生活によって神の霊を保持し続けるように、そして聖なる霊に与ることを止めて天上の王国を失うことにならないように勧めているのである。そして肉と血だけでは神の国を嗣ぐことができないと声高に叫んだのである。**

霊によって嗣がれる肉（九・四）

九4 **本当のことを言うべきだとすれば、肉は跡を嗣ぐのではなく、跡嗣ぎとされるのである。**それは主も「柔和な人々は幸いである。その人たちは地を受け嗣ぐであろう」(125)と言われているとおりである。この言葉では、地が御国を嗣ぐ者とされると言われている。その地からわれわれの肉の実体はきているのである。そして主は神殿が清いものであることを望んでおられる。それは神の霊がその中で喜ぶためである。ちょうど花婿が花嫁を喜ぶように。**花嫁は花婿を夫にするのではなく、花婿がやってきて彼女を受け容れるとき、妻にされる**

のである。それと同じように、〔われわれの〕この肉もそれ自身で、すなわち単独では、神の国を受け嗣ぐことができない。しかし霊によって、御国を嗣ぐ者とされ得るのである。死んだ者の財産を相続するのは、現に生きている者である。そしてかたやそれを相続すること、かたや相続されるもの〔財産〕は、それぞれ別のことである。相続する者は相続されるものを好きなように支配し、差配し、整理する。しかし、相続されるものは彼に服し、彼に従い、指示され、所有者である彼の差配に服する。それでは、今現に生きている者とは何のことか。それは神の霊のことである。それでは、死んだ者の財産とは何のことか。それは人間の肢体のことであって、朽ちて土に帰っていくものである。しかし、それが霊によって跡嗣ぎ〔相続人〕とされて、天国へ移されるのである。キリストが死なれたのは、まさに福音の契約が全世界に向かって開かれて、そこで読まれ、ご自分〔キリスト〕の僕たちを自由にし、彼の財産の相続人とするためであった。そのために霊が相続されるものを捉えるのであるが、それについてはすでに述べたとおりである。相続されるものを受け嗣ぐのは生きている者である。しかし、相続されるものとして所有されるのは肉である。われわれを遺産として受け嗣ぐその霊をわれわれが捨て去るならば、それは命を捨て去ることである。そうならないようにと、使徒〔パウロ〕は、すでに述べた理由から、[126]われわれに霊との交わりを勧めるためにこそ、「肉と血は神の国を嗣ぐことができない」[127]と言ったのである。その意味は、いわばこういうことである。あなたがたは間違ってはならない[128]が、もし神の言葉《ロゴス》があなた方の中に住んでおらず、父の霊があなた方の中に宿っていないならば、そしてあなたがたが虚栄なゆきあたりばったりの生き方、すなわち肉と血としてだけの在り方を続けるならば、あなたがたは神の国を嗣ぐことができないだろうということなのである。

霊の接ぎ木（一〇・一〜二a）

一〇 1 パウロは、われわれが肉に妥協する反面、霊の接ぎ木ということを拒むことにならないように、こう言っている。「あなたは野生のオリーブであったが、素性のよいオリーブに接ぎ木され、そのオリーブの樹液に与るものとされたのである」[129]。もし接ぎ木されたそのオリーブが、それまでの状態のまま、すなわち野生のオリーブのままでいたならば、「切り倒されて火に投げ込まれる」[130]だろう。しかし、もしそれが接ぎ木されたことを大事にして、素性のよいオリーブに変わるならば、王の楽園の庭に植えられたオリーブのように多くの実を結ぶようになるだろう。人間もそれと同じである。信仰の道を前進して、より善きものとなり、神の霊を受け、その力で実を実らせる人間は、霊的な人間となって、あたかも神の楽園に植えられた[131]かのようになるであろう。しかし逆にその霊を吐き出して、それまでの古い生き方にとどまり、霊よりも肉に属することを願うならば、その人にこそ、「肉と血は神の国を嗣ぐことができない」[132]と言われているのがあてはまるのである。それはいわば、野生のオリーブが神の楽園には受け入れられないのと同じである。したがって、パウロは肉と血と野生のオリーブについて語る段で、われわれ人間の本性と神の救済計画全体について、見事に解き明かしているわけである。というのは、オリーブの木は無視されて、長期間世話もされずに放置されると、惨めな実しか結ばないようになり、木自身が野生化するものである。逆に、丁寧に世話されて接ぎ木されたオリーブは以前のとおり多くの実を実らせる本性に戻るのである。人間もちょうどそれと同じである。自分を無関心に委ねて、肉の欲望をいわば野生の実のように実らせるだけの者たちは、自分自身が原因となって、義の実は一つも実らせない——そのような人間たちの場合は、寝ている間に敵がやってきて、雑草の種を蒔いていく[133]。それゆえに、主はご自分の弟子たちに、目を覚ましているようにお命じになっているのである[134]——その逆は、今現に義の実を結んではおらず、茨に覆われてしまっている人間たちも、丁寧に世話をされて、いわば神の言葉《ロゴス》を接ぎ木されれば、人間のもともとの本性に到達するのである。その本性とは、神の形と類似性にしたがって造られたことである。(135)

一〇・2 しかし、接ぎ木をされた野生のオリーブは木としての実体を捨て去るわけではない。しかし、それが結ぶ実の品質を変えて、別の名前で呼ばれる。すなわち、それは今や野生のオリーブではなく、多くの実を結ぶオリーブであり、事実そう呼ばれるのである。それと同じように、人間も信仰によって接ぎ木されて、神の霊を受けても、それで肉の実体を捨て去るわけではない。しかし、行いの実の品質を変えて、今や別の呼び名を得て、より善きものへと変質したことを表すのである。彼はもはや肉と血ではなく、霊的人間なのであり、事実そう呼ばれるのである。反対に、野生のオリーブは、もし接ぎ木をされないと、もともとの野生の品質ゆえに、自分の主人にとっては役立たずのままであり、実のならない木として「切り倒されて火に投げ込まれる」(136)。人間もそれと同じで、信仰によって接ぎ木されずに、それまでのままでいるならば、肉と血のままであり、神の国を嗣ぐことができない。それゆえ、使徒はいみじくも「肉と血は神の国を嗣ぐことができない」(137)、あるいは「肉にある者は神に喜ばれることができない」(138)と言っているのである。それは肉の実体を放棄するということではなく、霊の注ぎを引き寄せるということなのである。それゆえに、彼はこうも言うのである。「死ぬべきものは死なないものを着、朽ちるべきものが朽ちないものを着なければならない」(139)。

「あなたがたは肉のうちにではなく霊のうちにある」(一〇・二b)

さらに彼〔パウロ〕はこうも言っている。「神の霊があなた方の中に宿っているかぎり、あなたがたは肉にあるのではなく、霊の中にあるのである」(140)。彼は同じことをさらに明瞭にこう表現している。「身体は罪によって死んでいても、霊は義によって命となっている。イエスを死人の間から甦らせた方の霊があなたがたの中に宿っているなら、キリストを死者の中から復活させた方は、あなたがたの中に宿っている彼の霊によって、あなたがたの死ぬべき身体も生かしてくださるであろう」(141)。彼はローマの信徒への手紙の中で、そのことをもう一度「肉に従って生きるなら、それはあなたがたが死ぬことの始めとなるだろう」(142)と述べている。それは彼らの肉による生活を排除しようということではない。なぜなら、そう彼らに書いているパウロ自身が肉の中にあったのだから。彼はむしろ人間を殺すことになる肉の欲望を切除したかったのである。それゆえに、彼はこう付け加えている。「しかし霊によって肉の行いを殺すならば、あなたがたは生きる。神の霊によって導かれる者は皆、神の子だからである」(143)。

肉の業と霊の実（一一・一ａ）

一一 1 パウロは何をもって肉の行いと言うのかも、明らかにしてくれている。なぜなら、彼は不信心な者たちの繰り出す嘘と偽りを前もって見通していたからである。彼はこの問題を不信心な立場から言挙げするような者たちに丸投げしないために、自ら解説の労を取ったのである。彼はガラテヤの信徒に当てた手紙の中で、次のように言っている。「肉のわざは明らかである。それは姦淫、猥褻、不純、好色、偶像崇拝、魔術、敵意、争い、そねみ、嫉妬、癇癪、奸策、［激情、興奮、］口論、分裂、ねたみ、泥酔、乱痴気騒ぎ、およびその類である。以前にも言ったことをもう一度前もって言っておくが、このようなことをする者は、神の国を受け嗣ぐことができない」(144)。彼がこれをとりわけ明らかに説いて聞かせているのは、「肉と血は神の国を嗣ぐことができない」(145)とは何を意味するのか聞こうとする者たちに向かってなのである。すなわち、ここに挙げられたようなことをする者は本当に肉に従って歩む者であって(146)、神に対して生きることができないのである(147)。他方でパウロは霊的な行いを列挙している。それは人間に命を与えるもの、いわば霊の接ぎ木のことである。彼はこう言っている。「霊の実は愛、喜び、平和、忍耐、親切、善意、信仰、柔和、節制、抑制である。これらのものを禁じる掟はない」[148]。それゆえ、より善きものに向かって前進し、霊の実を結んだ者は、霊との交わりのゆえに、どのような場合にも救われる。それと同じように、さきほど挙げた肉の行いにとどまり続ける者は、霊を受けていないがゆえに、本当に肉に属する者と見做され、天の国を嗣ぐことができないだろう。

「不義な者は神の王国を嗣がない」（一一・一b〜二）

使徒〔パウロ〕は同じことについて、さらにこう証言している。すなわち、コリントの信徒たちに向かって、「それともあなたがたは知らないのか。不義な者たちは神の国を嗣ぐことがないのである。思い違いをしてはならない。みだらな者、偶像崇拝をする者、姦通するもの、男娼、男色をする者、泥棒、強欲な者、大酒飲み、人を悪く言う者、人の物を奪う者は神の国を嗣ぐことができない。たしかに、あなたがたもそのような者であった。しかし、あなたがたはすでに洗われて[149]聖なる者とされ、主イエス・キリストの御名とわたしたちの神の霊によって義とされているのである」[150]。もし人間がなおも肉に従って生き続けるならば、一体何によって滅ぶことになるのか。また逆に、一体何によって救われることになるのか。このことをパウロはこの上なく明瞭に論じてくれている。一体何が救うものなのか。それはわれわれの主イエス・キリストの御名とわれわれの神の霊であると彼は言う。

二 [2]彼は目下の箇所で、霊を欠き死をもたらす肉の行いを列挙した後、手紙の結びでは、すでに初めに述べたところと筋を通しつつ、こう叫んでいる。「今までわたしたちは土からできた人の似姿となってきた。それと同じように、わたしたちは天に属する人の似姿にもなるのである。兄弟たちよ、わたしはこう言いたいのである。肉と血は神の国を嗣ぐことができないのである」[151]。ここで彼が「今までわたしたちは土からできた人の似姿となってきた」という意味は、「たしかに、あなたがたもそのような者であった。しかし、あなたがたはすでに洗われて聖なる者とされ、主イエス・キリストの御名とわたしたちの神の霊によって義とされているのである」[152]という文言と同じ意味である。それでは、今までわれわれが土からできた人の似姿となってきたのは、一体何時のことなのか。それは、言わずもがなではあるが、すでに挙げた肉の行いがわれわれによってなされた時のことである。では、天的なものの似姿とは一体何時のことなのか。それはあなたがたが「主の御名を」信じて洗われた時、そして彼の霊を受けた時のことである。しかし、われわれが洗い落とされたのは、身体の実体でもなければ、造られたものとしての形でもなく、それまでの空しい生き方である。われわれは身体の肢体でもって、滅びの業を行って滅びの道を歩んでいた。しかし、霊の業を行うならば、そのときわれわれは、まさに同じその肢体において生かされることになるのである。

「命の息」と「生かす霊」（一二・一〜三a）

一二[1][153]なぜなら、肉は朽ちることを受け入れるのと同じように、不滅性をも受け入れ、死を受け入れるのと同じように、命も受け入れることができるからである。しかし、これら二つの状態は互いに交代するものであって、両方が同時に存続していくわけではない。むしろ、一方は他方によって締め出され、一方がそこにあれば、他方が滅びる。それゆえ、死は人間を捕えるとその人から命を締め出し、その人を死んだ者とする。ましてや、命は人間を捕えると死を締め出し、その人を生きた者として神のために立て直すことになる。死が人間を殺すものならば、ましてや命の到来が人間を生かさないことがあろうか。そのことは、預言者イザヤが「死は力を得て、呑み込んだ」と言っているとおりである。他方で、彼はまたこうも言っている。「神はすべての人の顔から涙をぬぐい去ってくださった」[154]。それまでの命は排除されてしまった。それは霊ではなく、気息によって分与されたものだったからである。

三2[155]なぜなら、人間を心魂的な生き物とした命の気息と[156]、人間を霊的な者として生かす霊[157]は、互いに異なるものだからである。それゆえに、イザヤはこう言ったのである。「天を創造して、これを固定し、地とそこにあるものを堅くし、その上に住む人々に気息を与え、そこを歩む者たちに霊を与えた主は、こう言われる」[158]。ここでイザヤが言うように、気息は地上にいるすべての人々に共通に与えられたが、霊は地上的な欲望を踏み潰す者たちにだけ与えられたのである。この理由から、同じイザヤは今言ったことをもう一度強調して、「なぜなら、霊はわたし〔神〕から出ていくだろうから。そしてすべての気息はわたしが造ったのだから」[159]と言っているのである。ここでイザヤは霊を神にだけ帰している。神はそれを終わりの時に人類の上に注いだのである[160]。それは彼らをやがて〔神の〕子らの身分に受け入れるためであった。それに対して、イザヤは気息を被造世界全体に帰している。そのことによってそれが被造物であることを示しているのである。造られたものは、造った方とは異なる。それゆえ、気息は一時的なものであるが、霊は永続するものである。たしかに気息はしばらくの間は旺盛であるが、一定の時間続いた後は過ぎ去り、それまでその中にいた身体を気息のないものとして遺していく。しかし、霊は人間を内側と外側から包み込むと、その後はずっとそこにとどまって、人間を決して離れることがない。使徒〔パウロ〕は、「しかし最初にあったのは霊のものではない」と言う。これはわれわれ人間のことを指して言っているのである。彼は続けて「最初にあったのは心魂的なものであり、その後で霊のものがあるのである」[161]と言うが、これは理に適っている。なぜなら、人間はまずもって造られねばならなかったからである。それからその造られたものが心魂〔気息〕を受け取り[162]、同じようにして霊との交わりを与えられねばならなかったからである。それゆえにこそ、主によって「最初のアダムは心魂〔気息〕のある生き物となり、第二のアダムは命を与える霊となった」[163]のである。[164]しかし、**心魂〔気息〕のある生き物となっ**

た者は劣悪なものへ向きを変えて、命を失ってしまった。しかし同じその心魂的な生き物は、まさにその反対に、再び善きものに立ち戻って、命を与える霊を受ければ、命を見出すことであろう。

一三³ 死ぬものと生かされるものは別々のものではない。それは、失われたものと再び発見されるものが別々のものではないのと同じである。主が来られたのも、あの失われた羊を探し求めるためであった(165)。それでは、死に定められていたのは一体何であったのか。それは命の気息が立ち去って、息のない死んだものとなった肉の実体のことである。主はその肉の実体に命を与えるためにこそ来られたのである。それは、われわれがすべて心魂的な者としてアダムにおいて死ぬように、キリストにおいて霊的な者として生きるためであった(166)。ただし、われわれは神が造られたもの〔身体〕を脱ぐのではない。むしろ肉の欲望を脱いで、聖なる霊を受けるのである。

「あなたがたは自分の地上的な肢体を殺せ」（一二・三b〜四）

それは使徒〔パウロ〕がコロサイの信徒に宛てた手紙の中で、「それゆえ、あなたがたは地上の肢体を殺しなさい」(167)と言っているとおりである。何がそれに当たるのか、彼自身がこう説明している。「淫行、不潔な行い、情欲、悪い欲望、貪欲すなわち偶像崇拝〔を捨てなさい〕」(168)。使徒はこれらのことを脱ぎ捨てることを声高に説いた。そしてこのようなことを行う者は、いわば「肉と血」にすぎず、天の国を嗣ぐことはできないと言ったのである(169)。なぜなら、そのような者たちの心魂は悪しきことに傾き、地上の欲望へと堕ちてしまったからである。その結果、彼らの心魂もそれらと同じ呼び名で呼ばれることになったからである。われわれに脱ぎ捨てるように命じていることを、使徒は同じ手紙の中で、「あなたがたは古い人をその行いと共に脱ぎ捨てなさい」(170)とも言っている。ただし、彼がこう言ったのは、古い被造物〔身体〕を捨て去るということではない。もし仮にそういう意味であるならば、われわれは現下の生活を離れるために、自分たちの命そのものを殺さねばならないであろう。

三 4 使徒〔パウロ〕も母体の中で形づくられ、母親の胎から出てきた[171]のである。その使徒自身がわれわれにそう書き送ったのである。そしてフィリピの信徒に宛てた手紙の中で、「肉において生きることは、働きの実〔を意味する〕」[172]と〔言って〕告白している。ただし、それは霊の働きの実であって、それが肉にとっての救いなのである。霊は〔目に見える形では〕現れない。その霊の実が現れるとすれば、それは肉を成熟させて、朽ちないものを受け入れることができるようにする以外にあり得ようか。それゆえ、もし「この肉において生き続けることは、わたしにとっては働きの実〔を意味する〕」[173]と使徒が言ったとしても、それは決して肉の実体を蔑ろにしていたわけではないのである。〔また、〕「あなたがたは古い人をその行いと共に脱ぎ捨てなさい」[174]と言う場合も、彼はわれわれのそれまでの古い生き方[175]、すなわち、古びて朽ちていく生き方を明示しているのである。それゆえに、彼はさらにこう付け加えている。「〔あなたがたは〕新しい人を着るのである。人間は自分を造った方の形にしたがって新たにされ、〔真の〕知識に至るのである」[176]。ここで使徒が「新たにされ、〔真の〕知識に至るのである」という言葉で明らかにしていることは、他でもない、それまで無知の中にあった人間、すなわち、神を知らずにきた人間こそが、その神を知る知識によって新たにされるということである。なぜなら、神を知る知識が人間を新しくするからである。さらに使徒がここで「造り主の形にしたがって」と言うのは、初めに神の形にしたがって造られたあの人間[177]が再び統合されること[178]を明示するためであった。

キリストによってなされた癒しと復活（一二・五～一三・二）

三 5 使徒〔パウロ〕自身が母親の胎から産まれてきた者、すなわち、古い肉の実体に他ならなかった。そのことを彼自身がガラテヤの信徒に宛てた手紙の中でこう語ったことがある。「わたしを母親の胎にあるときから選び分け、恵みによって召し出してくださった方が、わたしの中に御子を啓示し、わたしがその福音を異邦人に告げ知らせることをよしとされたとき……」[179]。すでに前述したとおり、かたや母親の胎から産まれた者、かたや神の子の福音を告げ知らせた者は、別々の者ではなかった。そうではなくて、そのどちらも、かつては無知のままに教会を迫害していたのと同じ者なのである。その彼に天からの啓示が起きて、主は彼と言葉を交わされた。それは私がすでに本書の第三巻で示したとおりである。それ以後、彼はポンティオ・ピラトの下で十字架につけられた神の子キリスト・イエスを宣べ伝え始めたのである。そのとき、それまでの彼の無知は遅れてやってきた知識によって終わりを告げられて、消え去った。主が癒された盲人たちの場合もそれと同じである。彼らは盲目であることを脱して、完全なる視力を取り戻し、それまでまったく見えなかったのと同じ眼で物の形を見ることができるようになった。しかし、それはただ眼にかかっていた闇が終わりを告げられたにすぎず、眼の実体はなお保たれていたのである。その結果、彼らはそれまで何も見えていなかったのと同じ眼で再び見ることができるようになり、自分たちに視力を回復してくれた方に感謝することになった。また、萎えた手を主に癒された者たち[180]、さらにその他にも主に癒されたすべての者たちも、初めに母親の胎を出たときに与えられていた肢体を取り替えたわけではなく、それまでと同じ肢体を癒されて取り戻したのである。

三 6 なぜなら、万物の造り主である神の言葉《ロゴス》は、初めに人間を造られた方である。彼はご自分が造ったものが悪意によって道を外れているのを見たとき、あらゆる仕方で、しかも体の肢体ごとに癒して、初めに造られたときと同じようにされたのである。それはまた、人間全体を一挙に健常で十全な体に戻して、来るべき復活のために完全な者として準備しておくためであった。主が自ら肉の〔人間の〕肢体を癒し、初めの状態に戻された理由は、それらをやがて救うためということでなかったとすれば、他に一体どのような理由があり得ただろうか。もし癒された者たちが彼から得た益が一時的なものであったとすれば、彼はさほど大きな益を彼らにもたらしたことにはならなかっただろう。あるいは〔別の言葉で言えば、〕どうして彼ら〔グノーシス主義者〕は、彼から癒しを受けたその肉に、同じ彼からくる命を受ける資格がないなどと言えるのか。命は癒しによってもたらされ、不滅性は命によってもたらされるのである。それゆえに、癒しをもたらす方は命ももたらすのである。そして命をもたらすその方が、ご自分の造られたもの〔身体〕をやがて不滅性で包んでくださるように。

一三1 これと反対のことを言う者たち——つまり自分自身の救いに反対することになる者たち——には、ぜひわれわれに答えてもらいたい。あの祭司長の死んだ娘、[181] やもめの息子で、死んだ状態で市門まで運び出されるところだったあの若者、[182] すでに死後四日も墓の中にいたあのラザロ、[183] これらの者たちは一体どんな身体で甦ったというのか。もちろん、死んだ時と同じ身体においてである。もしそれと同じ身体でなかったならば、死んだ者と同じ人が復活したことにならないからである。しかし、そこにはこう書かれている。「主は死んだ者の手を取ると、彼に『若者よ、あなたに言うが、立ちなさい』と言われた。それから主は彼に何か食べさせるように命じると、[184] 母親の手に返された」[185]。さらに「彼は大きな声で『ラザロよ、出て来なさい』と言われた。するとその死人は脚と手に包帯を巻かれたまま出てきた」[186] と言われている。この姿は、それまで罪に縛られていた人間を象徴している。それゆえに、主は「ほどいてやって、行かせない」と言われたのである。したがって、主に癒された者たちは、それまで苦しんできた体の部位を癒されたのであり、死人たちは生前と同じ身体で甦ったのである。すなわち、彼らのその肢体は主がお与えになった癒しと命を受け取ったのである。そうすることによって主は、永遠なるものを時間的なもので先取って示されたのであり、主こそがご自分の造ったものに癒しと命を与える権能を持つ方であることをお示しになったのである。それは〔来るべき万人の〕復活についての主の教えが信じられるためでもあった。すなわち、終わりの時に「最後のラッパが鳴り響き」、主が叫ばれると、死人たちが復活することになるであろう。それは主がこう言っているとおりである。「見よ、墓の中にいるすべての死人たちが人の子の声を聞く時がくるであろう。そして善きわざを行った者たちは命へ甦り、悪しきわざを行った者たちは裁きに甦るだろう」(187)。

一三 2 (188)したがって、これほどまでに明々白々な事柄を見ようともせずに、真理の光から逃げ去る者たちは、実に愚かで不幸な者たちである。それは〔ギリシア〕悲劇の主人公オイディプス王のように、自らを盲目にするようなものである。彼らはまた、不慣れなまま他者を相手に格闘技を闘う者たちと似ている。そのような闘技者は相手の身体全体ではなく、どこであれそのごく一部に手で絡みつくと、その掴んだところを決して手放さず、そのまま倒れ込む。しかし倒れ込んでも、最初に掴んだ〔相手の身体の〕部位をしっかり掴んだまま離していないので、自分が勝ったものと思い込んでいるが、実は倒れ込んだことで笑い者となっているという具合である。異端者たちもこれと同じである。彼らは「肉と血は神の国を嗣ぐことはできない」(189)〔というパウロの文言〕から〔肉と血の〕二つの単語だけを切り離してしまい、使徒が言わんとすることを深く読み取ることもせず、二つの単語の〔本当の〕力を探求したこともない。彼らは二つの単語を裸で使い回しているだけで、神の普遍的な経綸を力のかぎりひっくり返してでも、それと心中するつもりなのである。

「朽ちゆくものが将来、不滅性を着ることになる」（一三・三～五）

一三 3 もし彼らがそれ〔二つの単語〕は実際の意味での肉を指して言われているのであって、私が前述したような肉の行いを指しているのではないと言うとしよう。この場合、彼らはパウロに自分自身と矛盾することを言わせてしまうことになる。なぜなら、パウロは同じ手紙のすぐその後の箇所で、肉についてこう言っているからである。「なぜなら、この朽ちるべきものは朽ちないものを着、この死ぬべきものは死なないものを着なければならない。この死ぬべきものが死なないものを着るとき、次のように書かれている言葉が成就するのである。『死は勝利にのみ込まれた。死よ、お前の勝利はどこにあるのか。死よ、お前の棘はどこにあるのか』」[190]。こう言われていることが初めてそのとおりになるのは、今現に死ぬべきもの、そして朽ちるべきものであるこの肉が、すなわち、死に取り巻かれ、死の支配に喘いでいるこの肉が、命に向かって上昇し、朽ちないものと不死性を着るときなのである。なぜなら、そのときにこそ、死は本当に打ち負けて、それまでその死に拘束され続けてきた肉はその支配を脱するだろう。パウロはまた、フィリピの信徒に宛てた手紙の中で、こう言っている。「わたしたちの故郷は天にあり、そこから主イエスが救い主としてやって来られるのをわたしたちは待ち望んでいる。主[191]はわたしたちのこの卑しい身体をご自分の栄光の身体と同じ形に変えてくださるであろう。主にはそうなさる力があるからである」[192]。では、主がご自分の栄光の身体と同じ形に変えてくださるという卑しい身体とは何のことか。それは明らかに、肉である身体のことに他ならない。それは地に落ちて、卑しいものとなる身体である。その形が変えられるというのは、それが今は死ぬべきもの、かつ朽ちるべきものであるにもかかわらず、やがて死なないもの、朽ちないものとなるからである。ただし、それは〔身体に〕固有な実体によってではなく、主の働きによる。主は死ぬべきものに不死性を、朽ちるべきものに不朽性を付与することがおできになる。そのことをパウロはコリントの信徒に宛てた第二の手紙の中で、こう言っている。「それは死ぬべきものが命に呑み込まれるためである。わたしたちをまさにそのためにふさわしい者としてくださったのは神である。神はわたしたちにその保証金として霊を与えてくださったのである」[193]。パウロがこう言いながら肉を指していることは紛れもない。なぜなら、心魂も霊も死ぬべきものではないからである。死ぬべきものが命にのみ込まれる。そのときには、肉もまた死ぬべきものではなく、活けるもの、かつ朽ちないも

のであり続け、われわれをそのことにふさわしい者としてくださった神に賛美を献げるのである。われわれがこのように完成されるようにという意味で、パウロはコリントの信徒たちに、いみじくも「あなたがたの身体で神の栄光を現しなさい」[194]と言うのである。ただし、不朽性をもたらす方はあくまでも神なのである。

一三・4　パウロは以上のことで肉の身体のことを言っているのであって、何かそれとは別の身体のことではない。そのことは明白であり、疑いを容れない。彼はコリントの信徒たちにいささかの曖昧さも残さずに、こう言っているからである。「わたしたちはつねにイエスの殺害を身にまとっている。それはイエス・キリストの命がわたしたちの身体に現れるためである。もしわたしたちが生きながらイエスのために死にさらされているとすれば[195]、それはイエスの命がわたしたちの死ぬべき身体に現れるためである」[196]。そして霊が肉を包摂することについては、彼は同じ手紙でこう述べている。「あなたがたはキリストがわたしたちを用いて書かれた手紙である。墨ではなく生ける神の霊によって、石の板ではなく肉の心の板に書かれた手紙である」[197]。もしそのように今この時に肉の心が神の霊を受けることができるようになるのなら、ましてや復活の時にそれが霊によって与えられる命を受けることになって、何の不思議があろうか。その復活のことを、使徒はフィリピの信徒への手紙でこう述べている。「わたしはその〔キリストの〕苦しみに与って、何とかして死者の中からの復活に達したいのである」[198]。神に対する〔信仰の〕告白のために殺されることさえもあるこの〔肉の〕実体を措いて、それ以外のどのような死ぬべき肉に命が現れ出ると考えられようか。そのことはパウロ自身がこう語ったとおりである。「もしわたしがエフェソで単に人間的な動機から[199]野獣と闘ったとしても、もし死者が復活しないのだとしたら、わたしにとって何の得があっただろうか。なぜなら、もし死者が復活しないのであれば、キリストも復活しなかったのである。そして、キリストが復活しなかったのであれば、わたしたちの宣教は無駄であるし、あなたがたの信仰も無駄である。さらにわたしたちは神について偽証した者と見做されることになる。わたしたちは甦らなかったキリストが甦ったと証言したことになるからである。もし死者が復活しないのであれば、キリストも復活しなかったのである。もしキリストが復活しなかったのであれば、あなたがたの信仰は無駄である。なぜなら、あなたがたは今なお罪の中にあることになるからである。その結果、キリストにあって眠りについた者たちも滅びてしまったことになる。もしわたしたちがこの世の生活の中でキリストに望みをかけているにすぎないのであれば、わたしたちはすべての人にまさって惨めな者である。しかし、キリストは実際に死者の中から復活し、眠りについた者たちの初穂となられたのである。なぜなら、一人の人によって死が来たように、死者の復活も一人の人によってくるからである」[200]。

一三 5 すでに述べたとおり、彼ら〔グノーシス主義者〕がこれらすべての点について取ることができる道は二つに一つである。一つは、使徒〔パウロ〕は「肉と血は神の国を嗣ぐことができない」[201]という言葉に関して、自己矛盾に陥っていると主張することである。もう一つは、〔パウロの〕すべての発言を悪意に曲げて解釈し、それらの発言の意味を移し替え、あるいは変更せざるを得ないことである。パウロは「この朽ちるべきものは朽ちないものを着、この死ぬべきものは死なないものを着なければならない」[202]、あるいは「それはイエスの命がわたしたちの死ぬべき身体に現れるためである」[203]と言っている。また、その他にも明白かつ明瞭に肉の復活と不滅性について説いている。それらのすべての箇所について、何か別の解釈を彼らが試みるとして、彼らに一体どのようなまともなことがなお言えるのか。それらのどれか一つの箇所でも正しく解釈しようとしない者は、すべての箇所に対して間違った解釈を施さざるを得なくなるのである。

「あなたがたは肉の体によって和解させられた」(一四・一～四)

一四 1 使徒〔パウロ〕は、肉と血の実体が神の国を嗣ぐことができないと言ったとき、その実体そのものに異を唱えていたのではない。それゆえ同じ使徒はわれわれの主イエス・キリストに関して、至るところで肉と血という単語を用いたのである。それはある時は、主が人間であること現すためであった。事実、主自身が自分を人の子と呼んでいたからである。また別の時は、われわれの肉が救われることを確言するためであった。もし肉が救われないのであれば、神の言葉《ロゴス》が肉となること(204)はなかっただろう。そして義人たちの血の償還が求められないのであれば、主も血を持つことはなかっただろう。しかし、血はそもそもの初めから声を上げて叫んだのである。そのために、神は自分の弟を殺したカインに、「お前の弟の血の声がわたしに向かって叫んでいる(205)」と言われたのである。神は彼らの血の償還を求めるがゆえに、ノアとその一族に「わたしはあなたがたの心魂の血の償還を求めるだろう。あらゆる獣の手からもそれを要求するだろう(206)」と言われたのである。また別の箇所では、「だれであれ人の血を流す者は、流されたその血のために、その者の血も流されるだろう(207)」とも言われている。それとまったく同じように、主も自分の血を流そうとしていた者たちに向かって、こう言われたのである。「義人アベルの血から、あなたがたが聖所と祭壇の間で殺したバラキヤの子ゼカルヤの血にいたるまで、地上に流されるすべての正しい〔人の〕血の償還が求められるだろう。わたしはあなた方に言っておく。これらのことはすべて今のこの時代に降りかかってくる(208)」。主がこう言われたのは、そもそもの初めからすべての義人たちと預言者たちが流してきた血が間もなくご自身の中に総括されること(209)、そして彼らの血の償還が求められることを予め示すためであった。しかし、もしそれが救われるものでないのならば、その償還が求められることもないはずであろう。そして、もし主ご自身がそもそもの初めに造られたもの〔アダム〕に、つまり、肉と血になられることがなかったならば、主がそれらをご自分の中に総括されることもなかったであろう。すなわち、初めにアダムにおいて失われてしまったものを、終わりの時にご自分の中で救われることもなかったであろう。

一四[2] しかし、もし仮に主が何か別の救いの経綸にしたがって受肉し、何か別の実体から肉を受け取ったのだとすると、当然ながら主は人間〔人類〕をご自分の中に総括されたことにもならないわけである。それに加えて、主は肉であったとも言われ得ないわけである。なぜなら、肉とはあの最初に土から造られたものから引き継がれてきているものだからである。もし仮に主がご自分の素材を別の実体から受けていたはずだとすれば、父もそもそもの最初に別の実体に手を加えて、自分の思う形に捏ねなければならなかったはずであろう。ところが今や、神の言葉《ロゴス》は、他でもない失われた人間が置かれていた状態を救うために、それと同じものになられたのである。そしてご自分の方から〔人間に〕交わりをもたらして、彼から来る救いを探し求めるようにさせたのである。ところで、その失われていたものには、血と肉があったのである。なぜなら、神は地の泥を取って人間を造った[210]からであり、〔そうして造られた〕その人間のためにこそ、主の到来にかかわるすべての経綸が成り立っているからである。それゆえに、主ご自身も肉と血を持っておられたのである。そして何か別のものをではなく、まさしく父が最初にお造りになったものをこそ、ご自分の中に総括〔再統合〕されたのである。それはかつて失われてしまったものを探し求めるためであった[211]。それゆえに、使徒はコロサイの信徒に宛てた手紙の中で、こう言っているのである。「あなたがたも以前は神の考えに対して疎遠で敵対し、悪い行いに堕ちていた。しかし今は彼〔御子キリスト〕の体と死によって和解し、あなたがた自身を神の御前に聖なる者、きずのない者、そして咎のない者として献げている」[212]。使徒は「彼〔御子キリスト〕の体によって和解し」と言っている。その理由は、義なる肉が罪に捕われ続けてきた肉を和解させ、神との友愛へと導いたからである。

一四[3] もしだれかが以上のことを理由に、主の肉はわれわれの肉とは別のものだったと言うとすれば、そしてその理由は、主は罪を犯したことがなく、その心魂には「偽りが見つからなかった」[213]のに対して、われわれは罪人だからと言うとすれば、それは当たっている。しかし、もし主の肉が実体として別のものであったというありもしないことを唱える者がいるならば、そのような者にはもはや和解の言葉はあり得ないだろう。なぜなら、和解をゆるされるものは、それまで敵対していたものだからである。しかし、主が肉を何か別の実体から引き出してきていたのだとすると、違反によって敵対するものになっていたもの自体は、まだ神と和解し終わっていないことになる。ところが、主は事実として、ご自分との交わりによって、人間を父なる神との和解に導かれたのである。すなわち、ご自分の肉の身体によって、われわれをご自分と和解させ[214]、ご自分の血によって贖ってくださったのである。それは使徒〔パウロ〕もエフェソの信徒たちにこう書き送っているとおりである。「わたしたちは彼〔御子〕において、その血によって贖われ、罪の赦しを得ているのである」[215]。また、同じ信徒たちにこうも言っている。「あなたがたは以前は遠く離れていたが、今やキリストの血によって近い者となっているのである」[216]。さらに、こうも言っている。「〔キリストは〕ご自分の肉において敵意を、〔すなわち〕もろもろの戒めからなる律法を〔新しい〕規則によって廃棄された」[217]。そして同じ〔エフェソの信徒への〕手紙全体にわたって、使徒はわれわれが主の肉と血によって救われていることを明らかに証言しているのである。

一四 4 さて、以上で言われたように、肉と血がわれわれに命をもたらすのであるから、神の国を嗣ぐことができない[218]と言われたのは、実際の肉と血のことではなく、私がこれまで述べてきたような肉の行いのことなのである。それらの行いは人間を罪へと拉致して、命を奪うのである。それゆえに、彼〔パウロ〕はローマの信徒に宛てた手紙の中で、こう言っているのである。「したがって、あなたがたの死ぬべき身体の中で罪が支配し、あなたがたがそれに従うようことがあってはならない。また、あなたがたの肢体を不義のための武器として罪に委ねることがあってはならない。かえって、あなたがた自身を死者の中から生き返ったものとして神に献げ、あなたがたの肢体を義の武器として神に献げなさい」[219]。われわれがそれをもって罪に仕え、死にいたる実を結んできたのとまさに同じ肢体によって、われわれは義に仕え、命に至る実を結ぶこと。これが彼〔パウロ〕の望んでいることである[220]。それゆえ、親愛なる友よ、ぜひ思いを潜めてもらいたい。君はすでにわれらの主の肉によって贖われており、主の血によって取り戻されているのである。そして「頭《かしら》にしっかりと付いていなさい。この頭《かしら》によって、教会のからだ全体が結び合わされて、成長していくのである」[221]。すなわち、もし君が神の御子が肉において到来されたことを告白し、神を告白し、彼〔神の御子〕が人間となられたことをしっかりと堅持するならば、これまで私が示してきたように、すべて後追いででっち上げられたにすぎない異端者たちの教説を、余すところなく論駁することが君には容易にできるだろう。

第二部　創造神と父なる神との同一性を証しするキリストの生涯における三つの出来事（一五～二四章）

一　生まれつきの盲人の癒し（一五・一～一六・二）

創造神によって約束された復活（一五・一）

一五 1最初に人間をお造りになった方は、その人間が土に戻った後にも、第二の誕生を約束された。そのことをイザヤはこう述べている。「死者たちは立ち上がるだろう。そして墓の中にいる者たちは立ち上がり、土の中にいる者たちは喜ぶだろう。なぜなら、あなた〔主〕からくる露は彼らにとっての救いだからである」(222)。さらに、こうも言っている。「わたしはあなたがたを呼び寄せる。あなたがたはエルサレムに呼び寄せられて、〔それを〕見るだろう。そしてあなたがたの心は喜び、あなたがたの骨は青草のように芽を出すだろう。そして主を崇める者たちによって、主の手が認識されるだろう」(223)。エゼキエルもこう述べている。「主の手がわたしの上に来た。そして主はわたしを霊によって連れ出され、ある野原の真ん中に降ろされた。そこは骨でいっぱいであった。主はわたしにその周囲を行き巡らせた。すると見よ、野原の上には非常に多くの骨があった。それらははなはだしく枯れていた。主はわたしに言われた。『人の子よ、これらの骨は生き返るだろうか』。わたしは言った、『主よ、それはあなたがご存知です。あなたがお造りになったのですから』。主はわたしに言われた。『これらの骨に預言して、言いなさい。枯れた骨たちよ、主の言葉を聞くがよいと』。そこで主は骨たちにこう言われた。『見よ、わたしはお前たちの上に命の霊をもたらし、お前たちの上に筋を張り、お前たちの上に再び肉を被せ、お前たちの上に皮を張り、お前たちの中にわたしの霊を与えるだろう。するとお前たちは生きるだろう。そしてわたしが主であることを知るだろう』。わたしは主が命じられたように預言した。すると見よ、わたしがまだ預言している間に、地が揺れ動いた。そして骨の一つ一つがそれぞれの場所へ集められてつながった。そしてわたしが見ていると、その上に筋が生じ、上から皮が降りて来た。しかし、まだその中には霊がなかった。主はわたしに言われた。『人の子よ、霊のために預言して、こう言うがよい。主はこう言われる．四方の風からやって来て、この死んだ者たちに息を吹き込み、彼らが生きるようにするがよい』。わたしは主がお命じになったとおりに預言した。するとそれらの骨の中に霊が入った。そしてそれらの骨は生き返って、自分の足で立ち上がった。それは無数の集団となった」[224]。同じエゼキエルはこうも言っている。「主はこう言われる。『見よ、わたしはお前たちの墓を開き、お前たちをその墓の中から引き出すだろう。そしてお前たちをイスラエルの地に連れて行く。そしてわたしがお前たちの墓を開いて、わたしの民を墓の中から引き出すとき、お前たちはわたしが主であることを知るであろう。そしてわたしはわたしの霊をお前たちに与えるだろう。そしてお前たちは生きるだろう。わたしはお前たちをお前たちの地に置くだろう。そしてお前たちはわたしが主であることを知るであろう。こう言ったのはわたしである。そしてわたしはそのことをなすだろう』と主は言われる」[225]。それゆえ、これらの箇所に見るとおり、造物主[226]がこの地でわれわれの死ぬべき身体に命を与え、復活によって墓の中から起こされることを約束し、不滅性をお与えになるのである――「なぜなら、彼らの〔命の〕日々は生命の樹のようになる」[227]からである――この方のみがこれを為す神であることが証明されるわけである。この神こそが善なる父であり、自分自身の力で命を手に入れようとしない者たちに、恵みによって命をお与えになる方である。

生まれながらの盲人の治癒は人類の起源における御言葉の創造的業を示す（一五・二〜三）

一五 2 この理由から、主は弟子たちにご自分と実在される父のことを明瞭にお示しになったのである。それは彼らが、人間を造り、それに命の息をお与えになった神以外に別の神を探し求めたりしないように、また、狂気に任せて突進して、創造神のさらに上に別の父を捏造したりしないようにするためであった。それゆえに主は、犯した罪のために病気に取り憑かれてしまったその他の人々もすべて、言葉だけで癒されたのである。それゆえ、主は[228]「見よ、あなたは治ったのだ。もう罪を犯してはいけない。何かもっと悪いことがあなたに起きないように」[229]と言われたのである。こう言われることによって、主は人間が病気になるのは、不従順の罪の所為であることを明らかにされた。しかし主は、生まれつきの盲人には、言葉ではなく、業でその視力を回復された。その業は決して無意味な出たとこ勝負のものではなく、神の手、すなわち、最初に人間を形作ったあの神の手を明らかに現すためであった。まさにこの理由から、弟子たちがどうしてその人が生まれつき目が見えないのか、その人自身が犯した罪の所為か、それとも両親の罪の所為なのかと質問したとき、主は「この人が罪を犯したのでも、両親が犯したのでもなく、彼の上に神の業が現れるためである」[230]と言われたのである。ここで「神の業」とあるのは、人間を形作ることである。神がそうされたのは、一つの業によってであった。それは聖書に、「神は土の泥を取って人間を造った」[231]と、書かれているとおりである。だからこそ、主は地に唾を吐いて泥をつくり、それを〔その盲人の〕目に塗られたのである。[232]それによって主は、かつてのあの最初の人間の造形がどのように行われたのかを示されたのである。同時にまた、理解する能力のある者たちに対しては、あの神の手を明示されたのである。というのは、最初の人間が泥から造られたときの神の手のことである。匠である言葉《ロゴス》が母親の胎で形作ることを中断してしまったもの、それを言葉《ロゴス》は衆人環視の中で仕上げたのである。「それは神の業が彼の上に現れるため」[233]であった。それゆえ、われわれは人間を形作った別の手も別の父も探し求めるべきではないのである。われわれが知っておくべきことは、われわれを最初に形作ったのは、そして今なお母体の中で形作ってくれているのは神の手だということ、そしてその神の手がこの終わりの時に、失われていたわれわれを探し求めてくれたこと、そのわれわれを自分の失われた羊のように見つけると、自分の肩に担いで帰り、喜んで命の群れの中へ戻してくれたということなのである。

一五 3 神の言葉《ロゴス》が母胎の中でわれわれを形作ったことについては、エレミヤもこう言っている。「わたしはあなたを母の胎内に造る前から、あなたを知っていた。そしてあなたが母の胎から出る前に、あなたを聖別し、諸国民への預言者として立てた」[234]。これとまったく同じように、パウロも「わたしを母の胎内にある時から選び分け、福音を諸国民に告知させることをよしとされたとき……」[235]と述べている。そのように、われわれは母の胎の中で言葉《ロゴス》によって形作られたのであるが、まさにそれと同じ言葉《ロゴス》があの生まれつき目が見えなかった男に視力をお与えになったのである。そうすることで言葉《ロゴス》はそれまで隠れた形でわれわれの造り主であられた方を衆目にも明らかにしたのである。なぜなら、言葉《ロゴス》自身が人間たちの間に明らかになっていたからである。そして言葉《ロゴス》は、あの古いアダムの創造について、それがどのように生じたのか、どのような手によって造られたのかを説き明かしたのである。すなわち、〔あの盲人という〕部分によって、〔人類という〕全体を示していたのである。なぜなら、あの盲人に視力をお与えになった主こそが、父の御心にしたがって、人間全体〔人類〕をお造りになった方だからである。そして被造物としての人間〔人類〕はアダムに準じて違反の咎に堕ちたために、洗われて再生することが必要になっていた[236]。そのために主は〔盲人の〕目に泥を塗った後、「シロアムの池に行って、洗いなさい」[237]と言って、たちまちのうちに、彼のために造られた肢体の癒しと洗いによる再生を実現されたのである。その盲人は〔シロアムの池で〕洗った後、目が見えるようになって戻ってきた(238)。そして自分の造り主を認識し、自分に命を与えてくれた方が主であることを悟ったのである。

一つの地、ひとりの神、ひとりの御言葉（一五・四～一六・二）

一五 4 それゆえ、人間はこの大地から造られたのではなく、何か流動的な物質がこぼれ出て造られたのだと主張するヴァレンティノス派の者たちの論旨は的外れである。主はこの大地から〔取った泥で、生まれつきの盲人に〕視力をお与えになった。最初の人間もそれと同じ大地から造られたということは、明白なことである。というのも、目とそれ以外の身体の部位がそれぞれ別の素材から造られたとするのは筋が通らないからである。それは、身体と目それぞれを造った方が異なるとするのが筋が通らないのと同じである。最初にアダムを創造したのは、父が「われわれの形と類似性にしたがって人間を造ろう(239)」と語りかけられた方である。まさしくその同じ方がこの終わりの時に、ご自分を人間たちに現され、アダム以来目が見えずにきた者(240)に視力を回復したのである。この理由から、聖書もやがて起こるべきことを表すために、アダムが不従順の罪を犯して身を隠した後の夕方のこと、主が彼のもとへやって来て、「お前はどこにいるのか(241)」と叫ばれた、と言っているのである。その意味は、今やこの終わりの時に至って、神の言葉《ロゴス》ご自身がやって来られて、人間に呼びかけ、自分がしてきた行いを思い起こさせたということである。その行いとは人間がその中で生涯を送りながら、身を隠してきた行いのことである。かつて神は夕方にアダムに語りかけ、彼の所在を探し求められた。それと同じように、この終わりの時には、その時と同じ声で呼びかけながら、ご自分のものである人類を探し求めて、そのもとへやって来られたのである。

一六 1 アダムは今現にわれわれの周りにある土から造られたからこそ、聖書によれば神はこう言われたのである。「お前は顔に汗してお前のパンを食べるであろう。お前がそこから取られた土に帰る時まで」(242)。もし身体が死んだ後、何か別の地へ戻って行くのであれば、それがもともと実体を得てきた地に戻るというのが首尾一貫した話である。しかし、真実のところは、まさにこの地の土に戻って行くのであるから、彼〔アダム〕が形作られたのもこの地からであったことは明らかである。主も、この土からあの盲人の目に視力をお与えになったことで、そのことを明らかにしているのである。このように、アダムを形作った神の手が――われわれも同じ手で造られたのである――間違いなく明示されているのだから、そして父はただ一人で同一の方であって、その御声(243)は最初から終わりまでご自分の被造物を助け続けられるのであるから、さらにまた、被造物であるわれわれの実体は福音によって明示されているのであるから、もはやこの父以外の異なる父を探し求める必要はないのである。また、われわれの実体についても、すでに私が前述し、主によっても明らかにされているもの以外の何か別のものを探す必要はない。また、神の手についても、われわれを最初から終わりまで形作って命に適合させ、ご自分の被造物を助けて、あの神の形と類似性にしたがって完成させる神の手以外の別のものを探す必要はないのである。

一六 2 このことは、神の言葉《ロゴス》が人間となった時に明示された。すなわち、彼がご自分を人間に、人間をご自分に似たものとされた時である。それは人間が御子との類似性によって、父にとって価値のあるものとなるためであった。(244)なぜなら、それ以前に過ぎ去った時においては、たしかに人間は神の形に造られたとは言われていたが、その形が明示されていなかったからである。それまでは、人間がその形にしたがって造られた〔神の〕言葉《ロゴス》がまだ〔人間の〕目には見えなかったのである。そのために、人間は〔神との〕類似性を容易に失ってしまった。しかし、神の言葉《ロゴス》が肉となった時(245)、それは二つのものをそろえて確証した。すなわち、それは神の形であったものに自らなることで、真の神の形を明示すると同時に、目に見える言葉《ロゴス》によって、人間を目に見えない父に類似するものとしたのである。

二　十字架上の死（一六・三～二〇・二）

木を通しての不従順が木の上での従順によって修復された（一六・三）

一六 3 主は、私が今まで述べてきたことだけではなく、ご自身の受難によっても、父とご自分のことを現された。かつて最初の人間による不従順は木によって起きた。[246] その不従順を解消するために、主は「死にいたるまで、しかも十字架の死にいたるまで従順であられた」[247]。すなわち、主はかつて木において生じた不従順を、木〔十字架〕において生じた従順によって癒したのである。もし主が異なる父を宣べ伝えていたのであれば、かつてわれわれが創造主に対して示した不従順を、そのような仕方で解消するためにわざわざやって来られることは、なかっただろう。かつてわれわれは、木によって神に従わず、その言葉も信じなかった。主はそれと同じ木によって、従順と神の言葉へのあるべき同意をもたらされた。それゆえに、主が明らかにされたのは、われわれが第一のアダムにおいて蔑ろにした神なのである。われわれはかつてその神の戒めを守らなかったが、第二のアダムにおいては、〔われわれ自身が〕死にいたるまで従順な者となることによって、和解を許されたのである。なぜなら、われわれはだれか別の神の負債者であったのではなく、われわれが最初にその戒めを破ってしまっていた方にこそ、負債を負っていたからである。

われわれが罪を負っていたその同じ相手によって罪の赦しが与えられた（一七・一～三）

一七 1 それは創造主《デーミウールゴス》のことである。創造主は愛の上では父であり、権能の上では主であり、知恵の上ではわれわれを創造し、形作られた方である。われわれはその創造主の戒めを破ったことによって、彼の敵となってしまった。まさにそれゆえに、この終わりの時にいたって、主はご自分が受肉されることによって「神と人間の間の仲介者」[248]となって、われわれを〔神との〕友愛へと回復してくださったのである。われわれは父に逆らって罪を犯していたのだが、主はその父をわれわれのために宥めてくださったのである。そしてわれわれの不従順をご自分の従順によって帳消しにされ、われわれに創造主との交わりと彼への服従をお与えになった。それゆえに、彼は「わたしたちの負い目をお赦しください」[249]と言って祈るように教えたのである。なぜなら、この方こそがわれわれの父であり[250]、われわれはその戒めを破ったがゆえに、その負債者であったからである。それはどういう方なのか。それは今まで知られざる父で、いまだかつてだれにも戒めなど与えたこともない者なのか。それとも聖書によって予告されていた神であって、われわれがその戒めを破ったがゆえに負債者となった神のことか。その戒めとは、実は〔神の〕言葉《ロゴス》によって与えられたのである[251]。なぜなら、「アダムは主なる神の声を聞いた」[252]と言われているからである。それゆえに、いみじくもその神の言葉《ロゴス》が人間に向かって、「あなたの罪は赦される」[253]と言うのである。われわれが最初に逆らって罪を犯したのとまさに同じ方が、終わりの時に、罪の赦しを与えてくださるのである。しかし、今仮にわれわれが破ったのは、だれか別の者〔別の神〕の戒めだったとしよう。そしてその別の者が「あなたの罪は赦される」と言っているのだとしよう。もしそうであれば、そのような者は善なる者でもなければ、真なる者でも義なる者でもない。自分自身のものから与えるのではないような者が、どうして善なる者であり得ようか。他者のものを奪い取るような者が、どうして義なる者であり得ようか。われわれが逆らって罪を犯した当のその方が赦しを与えてくださったのでないかぎり、一体どのような真の罪の赦しがあり得ようか。「われらの神が心の底からの憐れみによって」、ご自分の御子を通して「われらのもとへ訪れになり」[254]、与えてくださった罪の赦しでないかぎり。

一七2 それゆえに、中風患者が癒されるのを「目にした群衆は、そのような力を人間にお与えになった神を賛美した」[255]と書かれているのである。そのとき周りにいた群衆は一体どの神を賛美したのか。まさか、異端者たちが発明した未知の父〔なる神〕であろうか。それまでまるで知られていなかったような神を、一体どうして群衆が賛美できただろうか。したがって、その時イスラエル人たちが賛美したのが律法と預言者によって前もって告知されてきた神であったことは明白である。その方こそわれわれの主の神なのである。まさにこの理由から、主はご自分が繰り返しなさったしるしによって、その神に栄光を帰すようにと、人間たちに真剣に教えられたのである。もし仮に主が異なる父からやって来られたのだとすれば、主の力ある業を見た人間たちはその異なる父に繰り返し栄光を帰してきたことになるであろう。また、〔あの中風患者を実のところ〕癒したのは父であったのに、その父に対しては主も群衆を恩知らずな者としてしまったことになるだろう。しかし、主は神である方のもとからこそ、その独り子として人間たちを救うためにやって来られたのである。だからこそ、繰り返し力ある業を行うことによって、不信心な者たちを鼓舞し、父に栄光を帰すようにされたのである。しかしファリサイ人たちが神の御子が到来したことを受け入れず、したがって彼によってもたらされた〔罪の〕赦しも信じなかったとき、主は彼らに向かって「人の子が罪を赦す権能を持っていることをあなたがたが知るように」[256]と言われたのである。こう言った後、主は中風の患者にそれまで横たわっていた床を担いで家に帰るように命じられた[257]。主はこのときなさった業によって、不信心な者たちを困惑させられた。同時に、ご自身があの神の声であることをお示しになった。すなわちそれは、人間が〔楽園で〕それを聞いて戒めを与えられたものの、それを破ったがゆえに罪人となった神の声のことである。その違反の罪が結んだ結果が中風であったのである。

一七3 主は罪をお赦しになり、人間を癒されたが、それと同時に、ご自分が何者であるかも明瞭にお示しになった。もし一方で神ただお一人の他には罪を赦すことはできないのだとすれば、しかし他方では、主が繰り返し人間を癒されたのだとすれば、主ご自身が神の言葉《ロゴス》であったことは明白である。主は人の子となられ、父から罪を赦す権能を与えられた、なぜなら、主は人間であると同時に神でもあったからである。主は人間として、われわれと苦しみを共にされた。それと同じように、神としてわれわれを憐れみ、われわれが造り主である神に負っている負債を赦してくださるであろう。それゆえに、ダビデもこう予告していたのである。「背きを赦され、罪を覆っていただいた者たちは幸いである。主に咎を数えられなかった人は幸いである」[258]。これは主が来られたことによって生じた罪の赦しを予示するものであった。その赦しによって、主はわれわれの負債の「証書を廃棄し、これを十字架に釘付けにされた」[259]。われわれは木によって神の前に負債者となったように、木によって負債の赦しを与えられるはずなのである。

木による救いの営みを予型として示したエリシャ（一七・四）

一七 4 このことは、その他にも多くの者たちによって示されているが、その中でも預言者エリシャの場合が意義深い。エリシャの身辺に共にいた預言者たちが小屋を建てるために、木を伐採していたとき、鉄の斧がヨルダン川の中に落ちてしまい、見つからなかった。するとそこへエリシャがやって来た。彼は何が起きたのかを聞き知ると、木〔の枝〕を水のなかへ投げ入れた。彼がそうしたとき、鉄の斧が浮かび上がってきたので、少し前に見失っていた者たちは、それを水面から回収した[260]。[261]預言者〔エリシャ〕がこの行動で表したのは、われわれは軽率にも木によって神の言葉《ロゴス》を見失ってしまっていたが、その神の言葉《ロゴス》を、再び木にかかわる〔神の〕経綸によって、確固たるものとして受け取り直すことになるということであった。神の言葉《ロゴス》が斧に似ていることは、洗礼者ヨハネも「すでに斧が木の根元に置かれている」[262]と言っているとおりである。エレミヤも同じように言っている。「主の言葉《ロゴス》は両刃の斧で、岩をも打ち砕く」(263)。このように、木にかかわる〔神の〕経綸は、すでに述べたとおり、われわれの目には隠されてきた言葉《ロゴス》を明示したのである。われわれはそれを木によって失ってしまったために、それは再び木によってすべての人に明らかになったのである。そしてそれは自分の高さ、長さ、そして幅広さ(264)によって、また、古の先人の一人も言っているとおり、それが伸ばした二本の手によって、二つの民を唯一の神のもとへ集めるのである。二本の手というのは、地の果てまで二つの民が散らされている(265)からであり、真ん中に頭があるというのは、「神は唯一であって、すべてのものの上にあり、すべてのものを貫き、われわれすべての中におられる」(266)からである。

自分の被造物によって担われた御言葉《ロゴス》（一八・一〜二a）

一八1 以上述べてきたほどの見事な救いの経綸を、神は何か別の者による被造物ではなく、あくまで自分自身による被造物を用いて立ち上げたのである。すなわち、無知や過失から生じたもの(267)ではなく、父の知恵と権能から実体を与えられたものを用いてそうしたのである。また、神は他者のものを欲しがるような欲深い者ではなく、自分に属する者たちに自分自身のものから命を分け与えないほど貧乏でもない。そうではなくて、自分が創造したものを人間の救いのために用いるのである。もしその被造物が無知と過失から出てきたものであったならば、それが彼〔神〕を担うことは不可能だっただろう。神の言葉《ロゴス》自身が受肉して木に架けられたということ(268)は、すでに私が多くの言葉で証明してきた。また、異端者たちさえも十字架に架けられた方を告白しているのである。そうだとすると、万物についての認識を統括し、真実で完全でもある方を、一体どうして無知と過失から出てきたようなものが担うことができただろうか。また、父から見えないほどに離れて隠れてしまった被造物がその父の言葉《ロゴス》を担うことが出来ただろうか。今仮にその被造物は天使たちによって造られたのだとしよう。その天使たちは万物の上にいる神のことを知らなかったのか、それとも知っていたのかは別として、とにかく主は「わたしは父の中に、父はわたしの中におられる」[269]と言われたのであるから、一体どうしてその天使たちが造ったものが父と子の両方を同時に担うことを引き受けることなどあり得ただろうか。また、プレーローマの外側にある[270]という被造世界に、そのプレーローマ全体を把持しておられる方を捉えることなど、一体どうしてでき得ただろうか。これらの論はすべて不可能で成り立たず、論証もできないのであるから、ただ一つ真実なのは教会の宣教である。それによれば、神による本来の被造物は神の権能と技能と知恵から成り立ったものであり、あの〔十字架上の〕神の言葉を担ったのである。それ〔被造物〕は目には見えない仕方で父によって担われているが、逆にまた、目に見える仕方で神の言葉を担っているのである。そしてその神の言葉が真理なのである。

一八 2 なぜなら、父は被造物とご自分の言葉《ロゴス》を同時に担っているが、父によって担われている言葉《ロゴス》は、父の御心にしたがって、すべての者に霊を分け与えるからである。ある者たちには、創造の業にしたがって霊を分け与える。それは創造の業の一部であり、被造物である。しかし別の者たちに分け与える霊は、神から生まれること、すなわち神の子〔養子〕とされることである。そのようにして、「すべてのものの上におられ、すべてのものを貫き、すべてのものの中におられる唯一の父なる神」[271]が表されるのである。父は「すべてのものの上におられる」。その父ご自身がキリストの頭《かしら》である。[272] 言葉《ロゴス》は「すべてのものを貫いている」。その言葉ご自身が教会の頭《かしら》である。[273] そしてわれわれ「すべての中に」霊が宿っている。その霊自身が生ける水[274]である。主はご自分を正しく信じ、愛し、「ただ一人の父がすべてのものの上におられ、すべてのものを貫き、わたしたちすべての中におられる」[275]ことを知る者たちに、その水をお与えになるのである。

自分の領域に来た御言葉《ロゴス》（一八・二b〜三）

そのことについては、主の弟子であったヨハネが彼の福音書の中で、こう言って証言している。「初めに言葉《ロゴス》があった。言葉《ロゴス》は神と共にあった。言葉《ロゴス》は神であった。この言葉《ロゴス》は初めに神と共にあった。すべてのものはそれによって成った。それによらずに成ったものは何一つなかった」(276)。ヨハネは同じ言葉《ロゴス》について、さらにこう言った。「それ〔言葉《ロゴス》〕は世にあった。世はそれによって成ったが、世はそれを認めなかった。言葉《ロゴス》は自分に属する者たちのもとへ来たのだが、彼らはそれを受け入れなかった。しかし、言葉《ロゴス》を受け入れた者たち、すなわち、その御名を信じる者たちにはだれであれ、神の子となる権能をお与えになった」(277)。そしてそれ《ロゴス》が人間のために行う取り計らいを言い表すために、こうも言った。「言葉《ロゴス》は肉となって、わたしたちの間に宿られた」(278)。さらにそれにこう付け加えている。「わたしたちはその栄光を見た。それは父の独り子としての栄光であって、恵みと真理とに満ちていた」(279)。これによってヨハネは聞くことを望む者たち、ということは、聞く耳を持つ者たちに、「すべての者の上に唯一の父なる神がおられる」(280)ことを明らかに示したのである。また、神の唯一の言葉《ロゴス》が「すべての者を貫いて」おり、すべてのものがそれによって造られたこと、そしてこの世はもともとその言葉《ロゴス》に属するものであり、父の御心にしたがって、それによって造られたものであって、天使たちによって造られたのでもなく、背信と欠乏と無知によって造られたのでもなく、「プルーニーコス」(281)とかいう何か別の力、すなわち、ある者たちによれば「母」とも呼ばれる力によって造られたのでもなく、〔真の〕父のことを知らない別の造物主によって造られたのでもないことを明らかにしたのである。

一八 3 なぜなら、真の世界創造者は神の言葉《ロゴス》だからである(282)。この神の言葉《ロゴス》がわれわれの主であり、この終わりの時に人間となって、この世界の中に生きられたのであり、今現にすべての造られたものを目に見えない仕方で保っておられる(283)。そしてそれは被造世界全体の中に〔十字架の形で〕貼り付けられ(284)、神の言葉《ロゴス》としてすべてのものを支配し、秩序づけている。そのために、それは目に見えない仕方で、「自分に属するもの」のもとへ「やって来て」[285]、「肉となり」[286]、万物がご自分の中で再び統合されるように[287]と、木に架けられた[288]のである。「しかし、もともと彼のものであった」人間たちは「彼を受け入れなかった」[289]。それはモーセがまさにこのことを明らかにしようとして自分の民に向かって、「お前の命はお前の目の前に懸かっている。しかし、お前は自分の命を信じないだろう」[290]と言ったとおりである。したがって、彼を受け入れなかった者たちは命を与えられなかった。「しかし彼はご自分を受け入れた者たちにはだれであれ、神の子となる権能を与えた」[291]。まことに、彼こそは万物に対する権能を持つ方である。なぜなら、彼は神の言葉《ロゴス》であり、真の人間だからである。彼は目に見えないものの上には理性にしたがって支配し、意味に適った仕方で法則を与えて、すべてのものが自分の秩序にとどまるようにされている。他方、目に見えるものと人間にかかわるものの上には、明らかに目に見える仕方で支配される。すなわち、すべてのものの上にふさわしい裁きをもたらされる。そのことはダビデも「わたしたちの神は来られる。黙してはおられない」[292]と言って、明らかに彼の到来のことを言っているとおりである。そして、彼によって裁きがもたらされることを明示するために、ダビデはさらにこう言っている。「火がその御前を焼き尽くすだろう。その周りには嵐が吹き荒れるだろう。彼はご自分の民を裁くために、上にある天に呼びかけ、地にも呼びかけられる」[293]。

教会の一致した教えと対照的な異端者たちの諸教説の相互矛盾（一九・一～二〇・二）

一九 1 それゆえ、主は明らかにご自分に属するもののもとへやって来られたのである。彼自身に属する被造物は彼を担うとともに、彼によって担われているのである。主はあの〔善悪を知る〕木において生じた不従順をやはり木〔十字架〕における従順によって総括された。すでに夫が決っていた処女エバが愚かにも堕ちたあの誘惑は、やはりすでに夫が決まっていた処女マリアが天使から良き知らせを告げられたとき、その真理によって解消されたのである——ちょうどあのエバが天使の言葉によって誘惑されて[294]、神の言葉を破り、神から逃げたように、今度はマリアがやはり天使の言葉を通して良き知らせを受けたのである。それは彼女がその言葉に服して、神を担う〔運ぶ〕者となるという知らせであった。かたやあのエバは誘惑に遭って、神に従わ〈なかった〉が、かたやこのマリアは〔天使の言葉を〕聞き入れて、神に従ったのである。こうして、処女マリアは処女エバを弁護する者となったわけである。かつて人類は一人の処女によって死に絡め取られてしまった。それが今や一人の処女によって解放されたのである。一人の処女が犯した不従順が一人の処女の従順によって均衡にもたらされたのである。さらには、最初に造られた者〔アダム〕の犯した罪が、今や最初に生まれた方〔神の言葉《ロゴス》〕によって正された[295]のである。かつての蛇の奸知が今や鳩のような素直さ[296]によって打ち破られ、われわれをそれまで縛っていたあの死の縄目が解かれたのである。

一九 2 それゆえ、異端者たちはすべて不勉強であって、神の救いの経綸に関して無知であり、それが人間のためにどのように配剤されているのかについても分かっていないのである。彼らは真理に対して盲目で、自分たち自身の救いについても、それと矛盾することを口にしている。すなわち、ある者たちは、〔真の〕造物主《デーミウールゴス》の他に別の父を持ち込み、別の者たちは、この世界とその実体は異なる天使たちによって造られたのだと主張し、また別の者たちは、世界の実体は彼らが言う「父」からははるかに遠く隔たったところで、自分自身で立ち上がって、それ自身の内側から生まれてきたのだと言い、さらにまた別の者たちは、〔世界は〕「父」によって把持されているもの〔プレーローマ〕自体の中に過失と無知によって実体を得たのだと言っている。その上また別の者たちは、主が目にも明らかな形でやって来られたことを論難している。すなわち、主が受肉されたことを受け入れないのである。また別の者たちは、処女〔マリア〕にかかわる神の配剤を無視して、主はヨセフによって設けられた子だと言う。また別のある者たちによれば、彼ら自身の心魂も身体も永遠の生命を受けることはできず、それができるのはただ「内なる人」だけだと言う。彼らはこれ〔内なる人〕こそが彼らの中にある精神だと言いたいわけで、それのみがやがて完全なるものへと上昇してゆくというのが彼らの判断なのである。さらにまた別の者たち〔の判断で〕は、たとえ心魂が救われても、神からくるその救いに彼ら自身の身体は与らない。以上のことは、私が本書の第一巻ですでに述べたとおりである。そこで私は彼らそれぞれの教説についても論述した。そしてそれらがどこで不当で不確実であるかは、第二巻で論証したとおりである。

二〇1 すべてこれらの者たちは司教たちに比べればはるかに遅れて登場してきたのである。使徒たちが教会を委ねたのは、その司教たちであった。そのことは、私がすでに本書の第三巻で委細を尽くして明らかにしたとおりである。前述の異端者たちは、真理に対して盲目であるために、いろいろ異なる道を行くものの、いずれも正しい道筋を外れてうろつき回る他はないのである。その結果、彼らが唱える教説が残す痕跡もバラバラで、互いに調和も首尾一貫もしない。反対に、教会に属する者たちが歩む道は全世界を巡っている。その道には使徒たちから来る伝統があって、それはわれわれすべての信仰が同一のものであることを見せてくれる。われわれすべては唯一にして同一の父なる神を受け入れており、神の御子の受肉による同じ救いの経綸を信じて、同じ霊の賜物のことを知っており、同じ戒めを心に刻んで、教会の秩序に関しては同じ形態を遵守し、同じように主の来るべき再来を待ち望み、人間全体、すなわち心魂と身体の両方が救われる望みを堅持しているのである。それゆえ、教会の宣教は真実かつ確実である。それに沿ってこそ、唯一にして同じ救いの道筋が全世界にわたって明示されているのである。教会にこそ神の光が委託されている。それゆえに、神が人間を救うために働かせる「知恵の呼び声が〔街の〕出口で聞かれる。彼女は街路で恐れず振る舞い、城壁の天辺で語りかけ、市門の傍らで倦むことなく呼びかける」[297]。なぜなら、教会はいたるところで真理を告げ知らせているからである。教会こそは「七枝の燭台」[298]であり、キリストの光を担うものである。

二〇2 したがって、教会の宣教を放擲する者たちはだれであれ、〔教会の〕聖なる長老たちを経験が乏しいと言って咎めているのである。しかしその際、彼らは、純朴で信心深い人間の方が、瀆神を事とする恥知らずな詭弁家よりもはるかに価値の高いことに思い至っていない。すべての異端者たちはその種の者たちであり、真理の外にも何か別のものを発見したかのように思い込んでいる者たちについても同じことが言える。彼らは前述のような説を追いかけながら、バラバラかつ雑多、そして不確実な道を進んで行き、同じ事柄についてもつねに同じことを考えるとは決してかぎらない。それはちょうど盲人が盲人に手引きされるようなものである。彼らが足下に隠れている無知の穴に落ち込んでしまうのは当然である[299]。彼らは真実なものを絶えず探し求めながら、決してそれを見出すことがない[300]。それゆえ、彼らの教説からは遠ざからねばならない。そしてそれによって傷つけられないように、一層気をつけなければならない。人は教会へと逃げ込んで、その懐で教育され、主の書物によって養われねばならない。なぜなら、教会は楽園としてこの世の中に植えられているからである。そのために、「あなたは楽園のどの木からも食べてよい」と神の霊は言うのである。これはつまり、主の書かれたどの書物からも食べなさい、ということである。反対に、〔異端者たちの〕高踏ぶった精神とあらゆる異端的な意見分裂に関与しないように、ということなのである。なぜなら、彼らは自分たち自身で善と悪の判断ができると公言し、自分たちの不信心な精神を、彼らを造った神を超える彼方にまで〔花火のように〕ぶち上げて憚らないからである。彼らが考えるところは、〔人間の〕精神に与えられた分を超えている。この理由から、使徒〔パウロ〕は「しかるべき限度を超えて考えてはならない。むしろ思慮深く考えなさい[301]」と言っているのである。それは彼らによって度を超えて考えられた認識をわれわれが食べて、われわれ自身が命の楽園から追放されることにならないためである。主はその楽園にご自分の戒めに従う者たちを導き入れて、「天にあるものと地にあるもののすべてをご自分の中に統括される」[302]のである。天にあるものとは霊的なもののことである。他方、地にあるものとは、人間にかかわる救いの経綸のことである。主はこれら二つのものをご自分の中に再び統合されたのである。人間を霊に一体化し、霊を人間の中に宿らせることによって。そして主自身が霊の頭《かしら》となられ[303]、霊を人間の頭《かしら》とされたのである。その霊によって、われわれは物を見、聞き、そして語るのである。

三　キリストの受けた誘惑（二一・一〜二四・四）

アダムの堕罪に対応する、悪魔に対するキリストの勝利（二一・一）

二一 1主はすべてのものを再び統合された。したがって、われわれの敵〔悪魔〕に対する戦いも総括された。すなわち、〔世界の〕初めにアダムにおいてわれわれを虜にした敵を挑発して打ち砕き、その頭を踏みつぶされた。それは創世記で神が蛇にこう言われていたとおりである。「わたしはお前と女の間に、お前の子孫と女の子孫の間に、敵意を置こう。彼はお前の頭を窺い、お前は彼のかかとを窺うであろう」[304]。なぜなら、これによって、一人の処女からアダムとの類似性にしたがって生まれて来るはずの者が、やがて蛇のかかとを窺うようになることが予告されていたからである。そしてそれは使徒〔パウロ〕がガラテヤの信徒に宛てた手紙の中で、「約束が与えられたあの子孫が来る時まで、業の律法が置かれた」[305]と言っているとおりである。使徒はそのことをさらにはっきりさせるために、同じ手紙の中で、「時が満ちるに及んで、神は御子を女から生まれた者として、お遣わしになった」と言っている[306]。すなわち、もし仮に女から生まれた人間〔主〕があの敵に打ち勝っていなければ、あの敵が正当に打ち砕かれたことにはならなかっただろう。その敵はかつて一人の女を使って人間を支配する者となり、そもそもの始めから自ら人間に敵対してきたのである。まさにそれゆえに、主はご自分が人の子〔人間〕であることを自ら認めておられるのである。それはあの最初の人間――すなわち、最初に女がそこから造られた人間〔アダム〕――をご自分の中に総括されるためであった。そしてかつて人間〔アダム〕が敵に敗北したことによって、われわれの種族〔人類〕が死の手に堕ちることになったのと同じように、今度は人間〔主〕が勝利者となることによって、われわれも命に向かって上昇していくためである。かつて死が人間〔アダム〕によってわれわれに対する勝利の栄冠を収めたのと同じように、今度はわれわれが人間〔主〕によって死に対する勝利の栄冠を手にするためである。

律法を与えた神の戒めにより、勝利をえたキリスト（二一・二～二二・一）

二一 2 もし主が違う父からやって来ていたのだとしたら、主はあの蛇に対する原初の古い敵意をご自分の中に総括することによって、造物主《デーミウールゴス》〔なる神〕による約束を満たし、その定めを実行することもなかったはずであろう。しかしながら、最初にわれわれをお造りになった方と、終わりの時にご自分の御子をお遣わしになった方は同一であるから、主は「女から生まれた者として」(307)、その方の定めを遂行されたのである。主はわれわれに敵対する者〔悪魔〕を打ち砕き、人間を神の形と類似性にしたがって(308)完成させたのである。まさにこの理由から、主はその敵対者を打ち砕くに当たって、律法が言っていること以外のものに頼らなかった。「また」父によって命じられたことだけに助けられて、あの背信の天使(309)を壊滅に引き渡されたのである。最初にまず主は四十日間断食された。それはモーセとエリヤの場合と同じであった。その後で、主は空腹を覚えられた(310)。それは主が真に揺るぎなく人間であることをわれわれが理解するためであった。なぜなら、断食して空腹を覚えることは、人間に固有のことだからである。それはまた、敵対者につけ込む隙を与えるためであった。すなわち、彼はかつて原初において、空腹とは縁がなかった人間を食べ物で誘惑し、神の戒めを破らせた。しかし、今や終わりの時においては、彼は空腹を覚えていた者〔主〕を説得してみたものの、神からくるとかいう食べ物を食べさせることができなかった。すなわち、その敵対者が「もしお前が神の子ならば、これらの石にパンになるように命じてみろ」[311]と言ったとき、主は「人間はパンのみで生きるものではない、と書かれている」[312]と言って、律法の規定によって彼を退けられた。「もしお前が神の子ならば」という文言については、主は沈黙を守られた。しかし、ご自分が人間であることを自認することによって敵対者に目眩を引き起こし、父による文言を引くことで彼の最初の攻撃を無に帰させたのである。したがって、楽園では人間が二度食べて腹を満たしたのであるが、今やそれがこの世界の中での食べ物の欠乏〔主の断食〕で解消されたわけである。しかし、そのとき律法で打ち砕かれた敵対者は、今度は自分の方からも律法を欺きの手段にして、改めて攻撃を仕掛け直した。すなわち、主を神殿の最も高い屋根につれていき、その先端に立たせると、「もしお前が神の子ならば、ここから飛び降りてみろ。なぜなら、神は天使たちに命じて、お前を手で受け止め、足が石に打ち当たらないようにしてくださる、と書かれているからである」[314]と言った。このように、欺きを聖書に包んで隠すことは、すべての異端者たちの決まり手である。すなわち、「彼は天使たちに命じて」という文言はたしかに書かれていたものである。しかし「飛び降りてみろ」というのは、聖書のどこにも見当たらない。つまり、この言い草は悪魔自身が持ち出してきたものである。そのとき主はやはり律法を引いて、こう言って、相手を黙らせた。「あなたの主なる神を試みてはならない、とも書かれている」[315]。律法にあるこの文言によって主がお示しになったのは、まず第一には人間というものにかかわることである。すなわち、人間は神を試みてはならないということである。それと同時に、主自身において目に見えるものとなっていた人間にもかかわることであって、主は〔人間として〕ご自分の主なる神を試みたりしないということである。すなわち、あの蛇にあった思い上がりが、人間〔としての主〕にあったへりくだりによって解消されたわけである。こうして悪魔は二度にわたって、律法に基づいて打破された。一つには、神の戒めに反することを言い含めようとしたこと、もう一つは、自分自身の勝手な思惑に基づいて神に敵対する者であることを暴露されてしまったからである。彼は手ひどく撃ちのめされて、最後の気力を振り絞るかのように、自分の持てるすべての欺きの能力を整えると、今や三度目に「彼〔主〕に世界のすべての王国とその繁栄ぶりを見せた」。そして、ルカが記しているとおり、「もしお前がわたしの前に跪いて拝むならば、わたしはこのすべてをお前に与えよう。なぜなら、このすべてがわたしに任されており、わたしはこれと思う者にそれを与えることができるからである」[316]。すると主は彼が何者であるかを暴露するために、「サタンよ、退け。あなたの主を崇め、ただ主にのみ仕えよ」[317]、と書かれているからである」と言われた。これによって主はその名前〔サタン〕を挙げて敵対者を暴くとともに、「ご自分が」何者であるかも明らかにされたのである。なぜなら、「サタン」とはヘブライ語では、背信者を意味するからである。こうして主は三度目も彼を打ち破り、それ以後彼をいわば法〔律法〕に即した敗者としてご自分のもとから追放された。アダムが神の定めに対して犯したあの違反は、人の子が律法の定めを守ったことによって解消されたのである。人の子は神の定めを犯さなかったからである。

二[3] それでは、キリストが証言した主なる神、何人にも試みることがゆるされず、すべての者が拝んで、ただその方一人にのみ仕えるべき神とは、そもそもだれなのか。それが律法をお与えになった神であることに疑いはない。このことは律法の中で前もって言われていたことである。主が律法に書かれている文言を使って示されたとおり、律法は父から与えられたものであって、真の神を告知しているのである。反対に、神の天使でありながら神に背いた者〔サタン〕は神の言葉〔声〕で滅ぼされるのである。彼は何者であるかを暴かれて、神の定めを守った人の子によって打ち破られたからである。彼は原初に人間を説き伏せて、造り主の定めを破らせ、人間を自分の掌中に収めてきた。彼の持つ権能とは定めを破ることと背信なのである。これらのもので彼は人間〔アダム〕を拘束したのであった。ところが、今度はその彼がまさに逆に人間〔主〕によって、かつて彼が人間〔アダム〕を拘束したときと同じ枷によって拘束されねばならなかった。それは人間〔アダム〕が解放されて自分の主のもとへ帰っていくためであった。その際、人間〔アダム〕はそれまで縛りつけられていた枷を、すなわち違反を、彼〔サタン〕に返していく。彼〔サタン〕が拘束されることが、人間にとっての解放となった。なぜなら、「まず強い者を縛り上げなければ、だれも彼の家に押し込んで、什器を奪い取ることはできない」[318]からである。したがって、主は彼〔サタン〕が万物の造り主である神の求めと反対のこと[319]をしていることを暴くために、神の定めである律法を用いて彼を排除したのである。人間としての主は彼〔サタン〕が道を外れた者、律法を犯した者、神に背いた者であることを明らかにされた。その後で、今度は〔神の〕言葉《ロゴス》〔としての主〕が、逃げ去ろうとする彼をさらに強く縛り上げ、彼が持っていた什器を、すなわちそれまで彼に縛られて不当にも使い回されていた者たちを、奪い返したのである。それまで人間を不当にも捕虜として引き回してきた者が、今や正当にも捕虜として引き回された。反対に、それ以前は捕虜として引き回されていた人間は、所有主の権力から解き放たれた。それは父なる神の憐れみによる。父なる神がご自分の被造物を憐れみ[320]、それに救いをもたらされたのである。ご自分の言葉《ロゴス》、すなわちキリストによって、それ〔被造物〕を復興させることによって。それは人間が経験を通して学ぶためであった。自分自身の力からではなく、神からの賜物〈として〉不滅性を受けることになることを。

三 1 主はこのように、律法によって宣明されていた方こそが真の主であり、唯一の神であることを明らかにお示しになった――それは律法が予め告知していた方であり、同じこの方をキリストは父としてお示しになった。そしてキリストの弟子たる者はこの方ただ一人に仕えなければならない[321]。また、主は律法に記されている文言によって、われわれの敵対者を滅ぼされた。律法は造物主《デーミウールゴス》を神として賛美し、この方一人にだけ仕えるようにわれわれに命じている[322]。それゆえに、今やこの方以外に、あるいはその上方に、別の父を探し求める必要はないのである。「なぜなら、神はただ一人だからである。神は割礼〔のある者〕を信仰のゆえに義とし、前の皮〔がまだある者〕をも信仰によって義とされるからである」[323]。なぜなら、もし仮にこの方よりもさらに上に完全な父がいたのだとしたら、まさか主がその者の文言と定めを使ってサタンをやっつけたはずがないではないか。なぜなら、無知はもう一つ別の無知で解消されることはできず、過失は過失によって無かったことにはできないからである。したがって、もし仮に律法が無知と過失に由来しているとしたら、一体どうしてその中に書かれていることで悪魔の無知を解消し、強い者を打ち破ることが出来ただろうか。強い者は弱い者あるいは力の等しい者によっては破られず、より強い者によってしか破られ得ないものである[324]。そして、すべてのものに勝って強いものは神の言葉《ロゴス》なのである。それはすでに律法の中で、こう大声で叫んでいる。「イスラエルよ、聞け。あなたの神である主は唯一の主である。あなたはあなたの神である主を魂を尽くして愛さねばならない。そしてこの方を拝み、彼にのみ仕えなければならない」[325]。福音書での主も、これと同じ文言を使って、神に対する背信を退けられた。そして父の言葉〔声〕でもって強い者を打ち破られた。そして律法の定めが自分自身による文言であることを認めて、「あなたはあなたの神である主を試みてはならない」[326]と言われたのである。すなわち、主は他の者の文言ではなく、ご自分の父の本当の言葉によってこそ、敵対する強い者を打破されたのである。

律法を与えた神の同じ戒めにより、自分のなすべきことを教えられたキリスト者（二二・二）

二二 2 主はまさにこの定めによって、われわれ解き放たれた者たちに、空腹を覚えたときには、神から与えられる食べ物を摂るようお教えになったのである。また、われわれがあらゆる霊の賜物の中でも選りすぐりの立場に置かれたとき、あるいは自分がしている義の行いに自信があるとき、あるいは奉仕の業績が傑出しているときにも、決して思い上がって神を試みることがないように、むしろすべての点においてへりくだることに思いを至らせ、絶えず「あなたはあなたの神である主を試みてはならない[327]」という戒めを手元に置くように教えられたのである。使徒〔パウロ〕もそのことを教えるために、「あなたは高ぶったことを考えず、身分の卑しい者たちと交わりなさい[328]」と言っている。〔使徒が教えているように、〕われわれは富やこの世の名誉や今この時だけの願望によって拉致されてはならないのである。また、「あなたの神である主」を拝んで、彼にのみ仕えるべきであって[329]、偽りを約束した者〔サタン〕を信じてはならないことを肝に銘じて承知していなければならない。その者は自分のものではないものを指して、「もしお前がわたしの前に跪いて拝むならば、わたしはこれらすべてのものをお前に与えよう[330]」と約束したのである。彼自身が認めているように、彼を拝んで彼の意志を実行することは、神の誉れから脱落することなのである。しかし、一旦そのように堕ちてしまった者にとって、一体なおどのような甘美で善なることに与る余地が残っていようか。そのように堕ちてしまった者にとって、死以外に一体何をなおも望み、期待する余地があろうか。なぜなら、そのように堕ちてしまった者はもう死のすぐ側にいるからである。おまけに、彼〔サタン〕も〔彼に〕約束したものを与えることが決してできないだろう。そのように堕ちてしまった者に、どうして彼〔サタン〕が〔それを〕与えることができるだろうか。さらに言えば、すべてのことを支配しているのは神であり、彼〔堕ちてしまった者〕の上にも神が支配しているのである。そして天におられるわれらの父が望まなければ、一羽の雀も地に落ちることはない[331]のだから、「これらすべてのことはわたしに任されていて、わたしはこれと思う者にそれを与えることができる[332]」と彼〔サタン〕がうそぶいたのは、いわば思い上がりが極まった発言なのである。なぜなら、被造物は決して彼の権能の下にはないからである。むしろ彼自身が同じように被造物の一つなのである。また、人間の王国を人間たちに分配したのも彼ではない。それは父なる神が定めた秩序によるのであり、人間のために設けられたその他のものも同じである。それゆえに、主は悪魔が「始めから嘘つきであり、真理に立ってこなかった(333)」と言われたのである。もし彼〔サタン〕がそのように嘘つきで、真理に立っていないのであれば、「これらすべてのものはわたしに任されていて、わたしはこれと思う者にそれを与えることができる(334)」と彼が言ったのも、明らかに真理ではなくて、嘘をついていたわけである。

初めから嘘つきだった悪魔（二三・一～二）

二三 1 彼〔悪魔〕は人間を騙すために神に逆らって嘘をつくことに慣れていた。すなわち、神は初めに人間に多くの食べ物を与えた。しかし、一本の木からだけは取って食べてはならないという戒めを定められた。聖書によれば、そのとき神はアダムにこう言われた。「あなたは楽園にあるどの木からも取って食べてもよい。しかし善悪を知る木からだけは取って食べてはならない。その木から取って食べる日には、あなたは必ず死ぬだろう(335)」。そのとき、彼〔悪魔〕は神に対抗して嘘をつき、人間を誘惑した。聖書の言うところによれば、そのとき蛇は女にこう言った。「神は何と言ったのか。お前たちは楽園のどの木からも食べてはならないと〔神は言ったの〕か(336)」。女は悪魔の嘘を見透かして、ただ〔神の〕戒めを繰り返して、こう言った。「わたしたちは楽園のどの木からも食べてよいのです。しかし、園の真ん中にある木の実については、神はこう言われました。『あなたたちはその木からは食べてはならない。それに触ってもならない。それはあなたたちが死なないためである』と(337)」。彼〔悪魔〕は女から神のこの戒めのことを聞き知ると、またもや奸知を働かせ、もう一度嘘で女を欺いて、こう言った。「お前たちは決して死なないだろう。神は知っていたのだ、お前たちがその木から食べる日には、お前たちの目が開き、お前たちは神々のようになって、善と悪を知るようになることを」[338]。彼〔悪魔〕は始めのうちは、神がそこに居合わせないかのように喋っていた。なぜなら、彼は神の偉大さを知らなかったからである。しかし、その後女から聞いて、神が彼ら〔アダムとエバ〕に、もし前述の木から取って食べるならば、死ぬことになると言ったことを知ると、三度目の嘘をついて、こう言った。「お前たちは決して死なないだろう」[339]。しかしながら、神は真実な方であるが、蛇は嘘つきなのである。このことは結果から明らかである。なぜなら、食べた二人には死という結果がついてきたからである。すなわち、彼らは食べると同時に、己が身に死を引き寄せたのである。食べることが不従順だったからである。神に対する不従順は死をもたらす。それゆえに、彼らは死に引き渡され、死の負債を負う者となった。

三三[2] 彼ら〔アダムとエバ〕は、〔善悪を知る木から〕食べ、死に負債を負う者となったが、それとまさに同じ日に死んだ。それは〔神による〕創造における同じ一日〔の出来事〕だったからである。聖書には「夕方となり、朝となった。一日である」[340]と言われているからである。彼らが食べたこの日、その日に彼らは死んだのである。日々の周期と循環にしたがって、この日が第一日、この日が第二日、この日が第三日と呼ばれる。もし今仮にだれかが週の七日のうちのどの曜日にアダムは死んだのか厳密に探求したいと思うならば、その人は〔その答えを〕主の救いの経綸の中に見出すだろう。すなわち、主は人類全体を始めから終わりまでご自分の中に再び統合されたのであるが、その際人類の死もそうされたのである。そこから明らかになることだが、主が父への従順を貫いて死を引き受けられたのは、アダムが神への不従順のうちに死んだのと同じ日なのである。アダムが死んだ日と同じ日に、彼は〔あの木から〕食べたのである。なぜなら、神は「あなたたちがそれから食べる日には、あなたたちは必ず死ぬであろう」[341]と言われたからである。主はこの日をご自分の中に再び統合する〔繰り返す〕ために、安息日の前日に受難の途を進まれたのである。それは〔神の〕創造の第六日、すなわち、人間〔アダムとエバ〕が造られた日であった。主は受難によって、その日に人間に死からの二回目の創造を授与されたわけである[342]。しかし、ある人々はアダムの死を千年目に遅らせている。というわけは、「主の一日は千年のよう[343]」だからというのである。しかし彼〔の生涯〕が千年を超えたことはなく、千年以内に彼は死んだ[344]。それによって〔自分が犯した〕違反に対して下された宣告を成就したのである。したがって、不従順がそのまま死であったと考えるべきなのか。それとも彼ら〔アダムとエバ〕はそれ以降、死に引き渡されて、死に負債を負う者となったということなのか。彼らが〔あの木から〕食べたのと死んだのがまったく同一の日、つまり〔神の〕創造における同一の日だったということなのか。それとも前述の日々の循環〔周期〕において、彼らが死んだ日と食べた日の曜日が同じだったということ、つまり金曜日だったということなのか。この金曜というのは「パラスケウエー[345]〔準備〕」の日――ラテン語では「清い食事[346]」の意味――であって、週の六日目に当たり、主がその曜日に起きたご自分の受難によって示しているところでもある。それともまた、アダムは千年を超えずに千年以内に死んだということなのか。示唆されることは以上のとおりであるが、そのすべてに即して見ても、神は真実な方である[347]。なぜなら、あの木から取って食べた彼ら〔アダムとエバ〕は死に、蛇は嘘つきで人殺しであることが証明されたからである。それは主が彼〔悪魔〕について、「彼は最初から人殺しであって、真理に立ってはいない[348]」と言っているとおりである。

地上の主権は神によって立てられたのであって、悪魔によってではない（二四・一～四）

二四 1 悪魔はすでに初めに嘘つきであったが、終わりの時もそれは変わらず、「このすべてがわたしに任されており、わたしはこれと思う者にそれを与えることができる[349]」と言ったのも嘘の続きだったわけである。なぜなら、この世にあるもろもろの王国の境を定めたのは彼ではなく、神であったからである。すなわち、「王の心は神の掌中にある」[350]のである。〔神の〕言葉《ロゴス》はソロモンを通して、こう言っている。「わたしによって王たちは君臨し、権能ある者たちは正義を守る。わたしによって君侯たちは高められ、支配者たちは地を治める」[351]。使徒パウロもまさに同じことについて、「あなたたちはすべて上に立てられた権威に従いなさい。神によらない権威はないからである。現にある権威は神によって定められたものである」[352]と言っている。パウロは同じことについて、こうも言っている。「彼〔権威者〕は理由もなく剣を帯びているのではない。彼は神に仕える者であり、悪を行う者には怒りをもって報いる者である」[353]。彼がこう言ったのは、ある者たちがそう解釈して憚らないように、天使の間で力ある者や目に見えない支配者たちのことではない。むしろ人間たちの間での権威者たちのことなのである。パウロはさらにこう言っている。「だからこそ、あなたがたは貢を納めているのである。なぜなら、彼らは神に仕える者として、ほかでもないその仕事に奉仕しているのである」[354]。ちなみに、主もまたこのことを確証されている。すなわち、主はご自分とペトロのために神殿税を納めるように命じられたが、[355]それは「彼らが神に仕える者として、ほかでもないその仕事に奉仕している」からである。主は悪魔に言い含められてそうされたのではないのである。

二四 2 人間は神から離反したとき、自分と血のつながった者さえも敵と見做すところまで野蛮になってしまった。そしてあらゆる情緒不安、人殺し、貪欲の中に恐れることなく過ごしていた。そこで神は彼ら〔人間たち〕に他でもない人間に対する恐怖を植え付けた――というのも、人間たちはまだ神に対する恐れを知らなかったからである――それは彼らが人間の持つ権力に従属し、その人間〔権力者〕たちの法に縛られることによって、それなりの正義に到達して、お互いに和み合うためであった。また、目の前に置かれた〔権力者の〕剣を恐れるためでもあった。そのことをパウロは「彼〔権威者〕は理由もなく剣を帯びているのではない。彼は神に仕える者であり、悪を行う者には怒りをもって報いる者である」[356]と言ったのである。[357]**こういうわけで、権**

威者たち自身は正義の衣として法を所持しているのであり、どんなことであれ正しく合法的に行っているかぎり、その責めを問われることはなく、処罰を受けることもないだろう。しかし、何であれ正義を曲げて、不義、不敬、違法、そして暴君として行うならば、その咎のゆえに身を滅ぼすであろう。なぜなら、神の正義の判断はすべての人々に等しく貫徹され、だれ一人も見過ごさないからである。それゆえ、地上の王国は、もろもろの国民の利益のために、神によって立てられたのであって、ある者たちが言うように(359)、悪魔によるものではない――悪魔は片時も静かにしていることができず、もろもろの国民を静かにさせておきたいとも思わないのである――その目的は、人間たちが人間の王権を恐れることで、魚のように共食いをしないようにするためであった。むしろ律法を定めることによって、人間の間での無数の不正義を退けることであった。この理由から、われわれから税を集める「彼らは神に仕える者」(360)であり(361)、「ほかでもないその仕事に奉仕しているのである」(362)。

二四3 〈そして〉「現にある権威は神によって定められたものである」(363)とすれば、悪魔が「〔このすべてが〕わたしに任されており、わたしはこれと思う者にそれを与えることができる」(364)と言ったとき、それが嘘だったことは明らかである。その命によって人間が生まれて来る方〔すなわち神〕、他でもないその方の命によってこそ、王たちも立てられ、それぞれの時代に彼らによって治められる人々にふさわしい王とされるのである。その王たちの中のある者たちは、彼らに服従する民を矯正し、その益を図り、正義を保つために立てられる。しかし、別の者たちは〔王として立てられると民を〕怖がらせ、処罰し、叱責する。また別の者たちは〔民を〕誹り、自らは驕って高ぶる(365)。それぞれの王たちは、それぞれ神による正義の審判にふさわしいものとなる(366)。そのことは、わたしがすでに述べたとおりである。しかし、悪魔は背信の天使であるから、彼が最初からしてきたことしか為すことができないのである。すなわち、人間の精神を誘惑して掠め取り、神の定めを破らせ、その心を少しずつ暗くして、彼〔悪魔〕に［聞き従わせる］(367)ことである。そして彼らに真の神を忘れさせ、彼〔悪魔〕自身を神として拝ませることである。

二四 4 これはいわば、一人の叛徒がある土地を敵意をもって掠め取り、そこに住んでいる者たちを混乱に陥れるようなものである。その住民たちは彼が叛徒であり盗賊であるとは知らないので、彼は彼らの間で王としての栄誉を詐称するわけである。悪魔もこれと同じである。もともと彼は大気の風の上に立てられた(368)天使たちの一人であったが、人間に対する妬みにゆえに、神の法からの逸脱者となった(369)のである。そのことは、使徒パウロがエフェソの信徒に宛てた手紙の中で明らかにしているとおりである。妬みは神には無縁である。彼〔悪魔〕の背信は人間によって暴かれ(370)、彼の思惑も人間によって試されることとなった。そのために、彼はますます自分を人間の敵対者に仕上げ、人間の命を妬み、自分の背信の掌中に封じ込めようと欲したのである。しかし、あらゆるものを創造した匠は神の言葉《ロゴス》である。その神の言葉《ロゴス》が人間を通して彼〔悪魔〕を背信者として暴き出し、逆に彼を人間に従属させた。そのとき、神の言葉《ロゴス》はこう言った。「見よ、わたしはあなた方〔アダムとエバ〕に蛇とさそりと敵のあらゆる権能を踏みつぶす力を与えよう(371)」。それは彼〔悪魔〕が背信によって人間を支配する者となったように、今度は人間が神のもとへ立ち帰ることによって、逆に彼の背信が滅ぼされるためであった。

第三部　創造神と父なる神との同一性を証しする、終わりの時に関する聖書の教え（二五〜三六章）

一　反キリスト（二五・一〜三〇・四）

反キリストの背きと、エルサレム神殿で神として礼拝されようという野望（二五・一〜五）

二五 1 以上私が述べてきたことのみならず、反キリストが登場する時代に起きることによっても明らかになるのであるが、この反キリストは背信の輩かつ盗賊でありながら、神として拝まれることを望み、下僕でありながら王としての歓呼を受けたいのである。彼は悪魔のあらゆる権能を帯びて登場してくるであろう。しかし、もとより義しい王ではなく、神に服して承認された王でもない。まったく逆に、神を信ぜず、不義で無法、背信の輩、禍をもたらす者、人殺し、盗賊であって、悪魔が始めた背信の業を自分の身をもって総括する者である。彼はたしかに偶像を排するが、それは自分こそが神であると高言するためであり、自分自身を唯一の偶像に仕立て上げ、その他さまざまな偶像が行ってきた虚偽を自分の一身にまとめるためである。そして、今現に種々雑多な忌まわしいやり方で悪魔を拝んでいる者たちをして、その唯一の偶像を通して彼自身を拝むようにさせるためである。使徒はこの反キリストについて、テサロニケの信徒に宛てた第二の手紙の中で、こう述べている。「なぜなら、まず最初に背信が起き、罪の人間、すなわち滅びの子が現れなければならないからである。彼はすべて神と呼ばれて拝まれているものに反抗し、それを超えて高ぶり、神の神殿に座して、自分自身を神として顕示するだろう」[372]。明らかに、ここで使徒は反キリストの背信のわざを示しているのである。すなわち、彼〔反キリスト〕は神と呼ばれるか拝まれているすべてのもの、つまり、すべての偶像――これは人間たちによってそう呼ばれているだけで、実際に神々であるわけではない――にまさって高い者とされ、彼自身の方でも自分を神として顕示しようとして暴君のように振る舞うというのである。

二五 2 使徒はその他に、私がこれまで繰り返し述べてきたことについても、〔その意味を〕さらに明確にしてくれている。すなわち、エルサレムに神殿が建てられたのは真の神の救いの経綸によるということである。なぜなら、使徒は自分自身の確信に基づいて、その神殿のことを断固として神の神殿と呼んだからである。すでに私が本書の第三巻で明らかにしたとおり、使徒が自分の確信から神と呼んだのは、真の神、すなわち、われわれの主の父なる神以外のいかなる神でもなかったのであり、エルサレムの神殿が前述のような理由から建てられたのは、この神の命令によるものであった。他でもないその神殿にあの背教の輩が坐り、自分をキリストだと言って顕示するだろう。そのことは、主もこう言われているとおりである。「あなたがたが、預言者ダニエルによって言われたように、忌むべき破壊者が聖なる場所に立つ――読者は悟れ――のを見たならば、ユダヤにいる者たちは山に逃げなさい。屋根に上っている者は、家にある物を取り出そうとして下に降りてはならない。その時には、世界の初めから今までになかったような、そして今後も決してないような大きな苦難が押し寄せるからである」[373]。

二五 3 ダニエルは最後の王国の終わり〔の幻〕を見た。すなわち、その王国は最後に十人の王たちの間で分割される。その彼らの上に滅びの子が登場してくる。ダニエルが言うところでは、その〔第四の〕獣には十本の角が生えてきたが、さらにそれらの中央に一本の小さな角が生えてきた。そして〔そのために〕先の角のうち三本が獣の額から引き抜かれてしまった[374]。ダニエルはこう言っている。「見よ、その〔小さな〕角には人間の目のような目があり、また、口もあって尊大なことを語っていた。見たところ、その形はその他の角よりも大きかった。わたしが見ていると、その角は聖徒たちに対して戦争を起こして、彼らの上に大いなる力を揮った。それは、日の老いたる者がやってきて、至高の〔神の〕聖徒たちのために裁きを下し、聖徒たちが王権を受けた時まで続いた」[375]。この幻が解き明かされるその後の場面で、ダニエルにこう告げられる。「第四の獣は地に登場して第四の王国となるであろう。そしてその他の王国を凌ぐようになり、やがて全地を喰い尽くし、踏みつぶし、破壊するだろう。そして〔その王国の〕十本の角、すなわち、十人の王が登場するだろう。しかし、彼らの後から、また別の王が登場して、悪行において前にいた王たちを凌ぐだろう。そして〔彼らのうちの〕三人の権力を剝奪し、至高の〔神〕に逆らうことを語り、至高の〔神〕の聖徒たちを踏みにじり、時と法を曲げようと考えるだろう。そして〔すべてのものが〕彼の手に委ねられて、一時《とき》、二時《とき》、そして半時《とき》に至るだろう」[376]。この最後の文章は三年と六箇月という意味であり、その間彼〔第四の王国、すなわち反キリスト〕が地を支配するということである。このことについても、再び使徒パウロがテサロニケの信徒に宛てた第二の手紙の中で、彼〔反キリスト〕の登場してくる理由を述べながら、こう言っている。「その時が来ると、不法の者が現れるが、主イエスは彼をご自分の口から吐く息で殺し、自分の到来と現臨によって滅ぼしてくださる。彼〔反キリスト〕が登場してくるのは、サタンの働きによるのである。彼は全力を揮って、しるしと偽りの不思議を行い、滅びてゆく者たちに対してあらゆる悪意による欺きを行うであろう。その者たちは、真理に対する愛を受け入れて救われなかったからである。そのために、神は彼らに惑わしの業を送られて、彼らが偽りを信じるようにされるのである。こうして、真理を信じないで不義に賛同していた者たちはすべて裁かれるのである」[377]。

二五 4 主もまた、ご自分を信じない者たちについて、同じことを言っておられる。「わたしは父の御名によって来た。しかし、あなたがたはわたしを受け入れない。他所者が彼の名によって来れば、あなたがたはその者を受け入れるだろう」[378]。ここで「他所者」と言われるのは、反キリストのことである。なぜなら、反キリストは神と無縁な者だからである。彼はまた、主が「神を恐れず、人も顧みない」[379]と言われた不正な裁判官でもある。神を忘れた一人のやもめ――すなわち、これは地上のエルサレム――が、敵に報復するために逃げ込んだ[380]のも、同じ裁判官であった。彼〔反キリスト〕は自分の王国が続く間に、同じように〔神を忘れて敵に報復する〕だろう。すなわち、自分の王国をそこ〔エルサレム〕へ移して、そこにある神殿に座すだろう。そして彼のことをあたかもキリスト〔メシア〕であるかのように拝む者たちを欺くだろう。それゆえに、ダニエルはこうも言っているのである。「そして聖所は荒らされるだろう。供え物の代わりに罪が献げられ、正義は地に投げ捨てられた。これをしたのは彼であり、事は彼の首尾どおりに運んだ」[381]。ダニエルの見たこの幻を解き明かす天使ガブリエルは、同じ反キリストについてこう語った。「それらの最後の王国に一人の王が起こる。彼の顔はまったくの不遜であるが、もろもろの問いを解き、その力は強く、驚嘆に値する。彼は破壊し、支配し、貫徹し、勇敢な者たちと聖徒たちを滅ぼすだろう。彼が頸に掛ける鎖の枷は確として、彼の手には奸知がある。心は高ぶり、多くの者を欺きによって滅ぼす。彼が立てば多くの者にとっての滅亡であり、あたかも卵を握りつぶすかのごとくである」[382]。さらに、ガブリエルは彼〔反キリスト〕の専制支配〔の終わり〕の時を指し示している。それは神に清い献げ物を献げてきた聖徒たちが追われて逃げることになる時である。すなわち、ガブリエル曰く、「彼は週の半ばに生け贄と灌祭を廃止するだろう。そして神殿に荒らす忌むべき物を〔立てるだろう〕。そしてそれは完成の時まで、すなわち、その荒廃の上に終止符が打たれる時まで続くだろう」[383]。週の半分というのは、三年と六箇月のことである。

二五5 以上のすべてから明らかになるのは、背信とは何かということ、また、悪魔の過ち全体を自身に総括する者とはだれなのかということである。しかし、そればかりではない。同時に、同一の父なる神が預言者〔ダニエル〕によって予告され、キリストによって啓示されたことも明らかになる。すなわち、かたや主はダニエルが終末について預言したことを保証して、「あなたがたが預言者ダニエルによって言われた荒らす忌むべき物を見る時は……」[384]と言われたが、かたやダニエルには天使ガブリエルが幻を解き明かしたのである。そのガブリエルは創造主《デーミウールゴス》に仕える天使長である。そして同じこの天使長がキリストの到来と受肉という福音をマリアに告げたのである。こうして、預言者を遣わした神、御子を送られた神、そしてご自分を知る認識へとわれわれを召された神が同一の方であることが、この上もなく明らかに証明されるわけである。

最後の王国の分裂とキリストの最終的勝利（二六・一〜二ａ）

二六1 さて、終わりの時とそこで登場する十人の王たちの間で今現に支配している帝国が分割されることについては、主の弟子のヨハネが黙示録の中で一段と明瞭に語っている。彼はそこで、ダニエルが幻で見た十本の角とは一体何であったのか探求している。ヨハネによれば、彼に次のお告げがあった。「また、あなたが見た十本の角は十人の王である。彼らはまだ王権を受けてはいないが、ひとときの間、獣と共に王の権威を受けるであろう。この者どもは思いを一つにしており、自分たちの権威と力を獣に委ねる。彼らは子羊と戦うが、子羊が彼らに打ち勝つであろう。子羊は主の主、王の王だからである」[385]。ここから明らかなように、あのやがて来るべき者〔反キリスト〕は彼らのうちの三人を殺し、残りの者たちは彼に服属するだろう。そして彼自身は彼らに続く[386]八番目の者となるであろう。彼らはバビロンを荒廃させ、火で焼き尽くし、自分たちの王権を獣に委ね、教会を迫害するだろう。しかし、その後は、われわれの主が到来することによって、滅ぼされるだろう。その王国は分裂して滅びなければならない。そのことを主は、こう言われた。「内側で分裂しているならば、どの王国も滅びるだろう。分裂したどの都市も家も立ち行かないだろう」[387]。それゆえに、王国も都市も家も十に分けられねばならないのである[388]。だから、主はその分割と分裂を前もって示しておられたわけである。そしてダニエルは厳密に、四番目の王国の終わりはネブカドネツァル王が〔夢で〕見た像の足の十本の指〔と同じ〕であると言っている。その足の指に向かって、人の手で切り出されたのではない石が飛んできた。そのことをダニエルはこう語っている。「足の一部は鉄、一部は陶土でできていました。そうするうちに、一つの石が人手によらずに切り出され、その像の鉄と陶土の足を粉々に打ち砕きました」[389]。それに続く解き明かしでは、こう言われている。「あなた〔ネブカドネツァル〕は足とその指をご覧になられましたが、一部は陶土で一部は鉄でした。その王国は分裂するでしょう。しかし、その根に鉄の強さが残るでしょう。あなたがご覧になったとおり、鉄が陶土と混じり合っていて、足の指の一部は鉄で一部は陶土でした」[390]。したがって、足の十本の指というのは、王国が分割される十人の王たちのことである。そのうちの何人かは力が強く、俊敏あるいは機敏であるが、何人かは怠惰で役に立たないだろう。彼らが思うところも同じではない。それはダニエルがこう言っているとおりである。「その王国の一部は強く、〔別の〕一部はその強い部分によって弱められるでしょう。鉄が陶土と混じり合っているのをあなたがご覧になったように、それらの部分は人間の種子[391]を通して混じり合うでしょう。しかし、互いに一つになることはないでしょう。それは鉄が陶土と溶け合うことがないのと同じです」[392]。そして終わり〔に何〕が起きるか[393]については、〔同じ預言者ダニエルが〕こう言っている。「この王たちの時代に、天の神は一つの王国を興されます。この王国は永遠に滅びることなく、その王権は他の民の手に渡ることがないでしょう。その王国は他のすべての王国を打ち滅ぼし、粉砕するでしょう。あなたがご覧になったとおり、山から石が人手によらずに切り出され、陶土、鉄、青銅、銀、金を粉々に打ち砕きました。大いなる神は、その後の未来に起きることを王にお示しになられたのです。この夢は真実で、その解き明かしは信じるに値します」[394]。

二六2 大いなる神はダニエルを通して、来るべきことをお示しになり、それを御子を通して確証なさった。そしてキリストこそ、あの人手によらず切り出されてきて、かぎりある時間に縛られていたそれまでのもろもろの王国を破壊し、代わりに永遠の王国、すなわち義人たちの復活を実現されるだろう――「天の神は一つの王国を興されます。この王国は永遠に滅びることがないでしょう」[395]と言われているとおりである――そうであれば、創造主《デーミウールゴス》に唾棄して、預言者たちも主がそこからやって来られたのと同じ父から送られてきたことを認めず、彼らの預言は異なる力によって吹き込まれたものだなどと本気で主張する者たちは、今こそ沈黙して、正気に戻ってもらいたいものである。なぜなら、すべての預言者によって一致して予告されたことは創造主《デーミウールゴス》によって言われたことであって、キリストはそれを終わりの時に完成されたのである。すなわち、ご自分の父の御心に従い、人類に係るその救いの経綸を成就されたのである。

サタンとその背きに加担する人々への神の正当な裁き（二六・二b～二八・二a）

したがって、創造主《デーミウールゴス》を侮辱する者たちは――マルキオン派のように、明言をもって公然とそうするか、あるいはヴァレンティノス派やすべての誤って覚知者〔グノーシス主義者〕と呼ばれている者たちのように、本末が転倒した教説によってそうするかは問わないとして――〔真の〕神を崇拝している者からすれば、サタンの道具と見做されて然るべきである。神はあらゆる背信に対して、すでに永遠の業火を準備しておられたが[396]、サタンの方が彼らを道具として敢えて神を侮辱し始めたのは今であって、すでにその前からそうしてきたわけではないのである。というのも、サタンは自分だけで自分の主〔神〕を侮辱する勇気がないのである。彼が最初に人間を誘惑したのも、蛇を使って神の目を盗んでのことであった。(397)そのことはすでにユスティノスがいみじくも指摘している。すなわち、サタンは主が到来される以前には敢えて神を侮辱しようとはしなかった。彼はまだ自分に下されている滅びの定めを知らなかったからである。なぜなら、そのことはまだ預言者たちの譬えや寓喩で語られていたからである。しかし、主が到来された後は、キリストとその弟子たちの言葉から、自分自身の意志で神から離反した者および悔い改めることもなしに背信を続けるすべての者には、永遠の業火が用意されていることを明瞭に学んだのである。サタンはこの種の人間たちを用いて、裁きを下す主を侮辱するのである。あたかも自分自身がすでに滅びを宣告された者であるかのように。そして自分自身が犯した背信の咎を自分の自由意志による判断の所為とはせずに、何と自分を造ってくれた方になすりつけるのである。それはちょうど、法を犯す者たちが行為の後でその処罰を受ける時に、自分自身ではなく、むしろ法を定めた者たちの責任を言挙げするようなものである。それと同じように、この種の人間たちは、悪魔からくる霊で満たされて、われらの創造主に向かって数え切れないほどの告発を行うのである。その創造主はわれわれに命の霊をお与えになり、すべてのものにふさわしい法を定められた方であるにもかかわらず。そして神の下される裁きが正しいものだとは認めようとしない。そのために、彼らは何か異なる別の「父」を考え出す外はなくなるのだが、その「父」たるやわれわれに係ることに関心もなければ、それを予知によって導くこともなく、あらゆる罪の行為を容認する「父」なのである。

二七[1] もし仮に父が裁きを行わないとすれば、それ(398)は父には係わりのないことで、父は起きてくることにはすべて賛成することになる。もし父が裁かないのであれば、すべての者は同等になって、同じ立場に数えられることになるだろう。そうなれば、キリストがやって来られたことは空の空の出来事であったことになるが、〔まさにそれが今度は〕主が裁かないということと反対のことになる。なぜなら、「彼〔主〕がやって来られたのは、人をその父と、娘をその母と、嫁をその姑と敵対させるため」[399]であったからである。また、同じ寝床に二人の男が〔寝て〕いると、一人は取り去られ、一人は残される。二人の女が臼で粉を挽いていると、一人は取り去られ、一人は残されるため〔であったからである〕[400]。また、終わりの時に、刈り入れの者たちに、最初にまず雑草を集めて束ね、消えない火で焼くように、しかし麦は集めて納屋に収めるように命じるため〔であったからである〕[401]。また、羊を準備された王国に呼び入れ、山羊は主の父によって悪魔とその天使たちのために準備された永遠の業火に投げ込むため〔であったからである〕[402]。そうだとすると、どうなるのか。御言葉《ロゴス》がやって来られたのは、「多くの人を倒したり立ち上がらせたりするためであった」[403]。「倒したり」とあるのは、主を信じない者たちのことである。主は彼らを脅して、ソドムとゴモラよりも大いなる滅びが裁きとして下ることを予告された[404]。「立ち上がらせたり」とあるのは、天におられる父を信じ、その御心を行う者たちのことである。そのように、主がやって来られたのはすべての者に同様に及ぶことであって、信じる者たちと信じない者たちの間を裁き、区別するのである――なぜなら、自分自身の判断で信じる者たちは主の御心を行うが、反対に自分自身の判断で聞き従わない者たちは主の教えに近づかないからである――そうであれば、主の父もすべての者を平等に、すなわち、だれもが自分自身で判断し、精神の自由を持つようにお造りになったことは明らかである。それと同時に、父はすべてのことを顧み、すべての者のために予知を働かせ、「悪人の上にも善人の上にも太陽を昇らせ、義しい者の上にも義しくない者の上にも雨を降らせてくださる」[405]のである。

二七2[406] そして神への愛を守り続ける者にはだれであれ、父はご自分との交わりをお与えになる。そして神との交わりとは命であり、光であり、神のもとにあるあらゆる善きものを享受することである。反対に、だれであれ自分自身の判断で神から離反する者たちには、神は彼ら自身が選んだその分離をもたらされる。そして神からの分離は死であり、光からの分離は闇であり、神からの分離は神のもとにあるあらゆる善きものを失うことである。したがって、今述べたものを背信によって失ってしまった者たちは、すべての善きものから引き離されてしまったのであるから、あらゆる刑罰に引き渡される。ただし、神は彼らを最初から自らの手で処罰されたのではない。むしろ処罰の方から、すべての善きものから引き離されることとして、彼らのところへやってきたのである。神からくる善きものとは、永遠で終わりがない。だからこそ、逆にそれを失うことも永遠で終わりがない。そのことは無窮の光に当てはまる。自分で光を失ってしまったのか、それとも他者によって盲目にされてしまったのかを問わず、その人たちは永遠にわたって、光の悦びを奪われてしまっている。しかし、それは光が盲目という処罰をもたらしたわけではない。むしろ、盲目そのものが彼らに苦難をもたらしているのである。それゆえに、主は「わたしを信じる者は裁かれない」[407]と言われたのである。これは、すなわち、神から引き離されないということである。なぜなら、その人は神と一つにされているからである。主は「しかし、信じない者は、すでに裁かれている。神の独り子の御名を信じなかったからである」[408]とも言われるが、これはその人が自由意志で自分を神から引き離したということである。「なぜなら、光がこの世にやって来たのに、人々は光よりも闇を愛したこと、これが裁きだからである。すべて悪を行う者は光を憎む。そして光にやって来ない。彼の行っていることがあらわにならないためである。しかし、真理を行う者は光にやって来る。それは彼の行いが神においてなされていることが明らかになるためである」[409]。

六1 そのように、この世ではだれもが光へ急ぎ、信仰によって神と一つになるが、何人かはその光から離れ、自分を神から分離する。それゆえに、神の言葉《ロゴス》がやって来て、すべての者にそれぞれふさわしい居場所をもたらしたのである。すなわち、光の中にいる者たちには、その光を享受し、その中にある善きものを楽しませること、逆に闇の中にいる者たちには、その中で苦難に遭うことである。この理由から彼は、右側の者たちは父の王国の中へ呼ばれるが、左側の者たちは永遠の業火の中へ投げ込まれると言ったのである[410]。これはすなわち、彼らがすでにあらゆる善きものを失っているということである。

二八 2 この理由から、使徒[411]〔パウロ〕はこう言っているのである。「彼らは救われるために神の愛を受け入れることをしなかった。そのために神は彼らに過ちを働く力を送り、彼らが虚偽を信じるに任せられた。それは真理を信じず、不正に賛同したすべての者が裁かれるためであった」[412]。〔このことが起きるのは、〕あの者が登場して、自分勝手な判断で背信の業を自分の身に総括し、自分の欲求と恣意を働かせて、やりたい放題のことを行い、神殿に座して、彼に惑わされた人々が彼をまるでキリストのように崇めるときである[413]。彼は最後に血の池に投げ込まれることになるが[414]、それは当然である。しかし、神はご自分の救いの経綸にしたがって、すべてのことをご存知であり、そのようなことをすることになるその者をも然るべき時に送ってこられるのである。「それは彼らが虚偽を信じるようになり、真理を信じず、不正に賛同したすべての者が裁かれるためであった[415]」。

すべての背きの総括前兆である反キリストの数字化された名前（二八・二b～二九・二）

その者の登場については、ヨハネが黙示録の中で次のように表現している。「わたしが見たこの獣は、豹に似ており、その足は熊のようで、その口はライオンのようであった。竜はこの獣に自分の力と王座と大きな権威を与えた。この獣の〔七つの〕頭の一つが撃たれて死んだと思われたが、その致命的な傷も治ってしまった。そこで全地は驚嘆してこの獣を見上げ、それに権威を与えた竜を拝んだ。人々はまた、この獣をも拝んで、こう言った。『だれがこの獣と肩を並べることができようか。だれがこの獣と戦うことができようか』。この獣にはまた、大言と冒瀆の言葉を吐く口が与えられ、四十二箇月にわたる権威が与えられた。そこで、獣は自分の口を開いて神を冒瀆し、神の名と神の幕屋、天に住む者たちを冒瀆した。また、この獣には、あらゆる民族、国民、言語、種族を支配する権威が与えられた。そして地の面に住む者で、世界の基が据えられた時から屠られた子羊の命の書にその名が記されていない者たちは、すべて彼を拝んだ。聞く耳のある者は聞くがよい。捕われの身となる者は、捕われの身となるがよい。剣によって倒れる者は、剣によって倒れるがよい。ここに、聖なる者たちの忍耐と信仰が〔必要で〕ある」[416]。それから、**彼**[417]**〔ヨハネ〕は獣の近衛兵のことを偽預言者とも呼びながら、こう言っている**。「**彼も竜のようにものを言っていた**。この獣は先の獣が持っていたすべての権力をその獣の前で揮った。彼は地とそこに住む人々に、致命的な傷が治ったあの先の獣を拝ませる。そして彼は大いなるしるしを行って、人々が見ている前で、天から地上へ火を降らせるだろう。そして地の表に住むものたちを惑わすだろう」[418]。「[419]**そして地の面に住むものたちを惑わすだろう」と彼**〔ヨハネ〕**がここで言うわけは、この箇所をだれかが誤解して、この獣が大いなるしるしを行うのは何か神的な力の所為ではないかと考えたりしないためである。それは魔術の働きによるのである。この獣には悪霊どもと背信の霊どもが仕えているのだから、この獣が彼らを使って多くのしるしを行い、地に住む人々を惑わすことは何も驚くべきことではない**。さらにこう言われている。「彼〔この獣〕は先の獣の像を造るように命じるだろう。そしてその像に息を吹き込んで、その像が自分でものを言うようにさせるだろう。それを拝まない者たちを殺させるだろう。そして〔すべての者に〕その額か右手に刻印を押させるだろう。それはその獣の名あるいは**その名の数字であ**って、その刻印を持つ者でなければ、物を買うことも売ることもできないようにするためである。**その名の数字とは六百六十六である**」[420]。**すなわち百が六つ、十が六つ、一が六つであり、六千年にわたって行われてきたすべての背信を総括するものである。**

二八 3 **なぜなら、この世界は、かつて造られるときにかかった日数と同じ数だけの千年紀をかけて完成されるからである。まさにこの理由から、聖書の創世記はこう言っているのである**。「天と地と万物、そしてそれらを飾るものが完成された。神はお造りになったすべての業を第六日に完成され、第七日にすべての業を離れて安息なさった」(421)。ただし、これはかつて〔の天地創造が〕どう行われたかを説明すると同時に、これから来るべきそれがどう行われるかを予言しているのである。なぜなら、もし「主の一日は千年のよう」(422)であり、被造物が六日で完成されたのだとすれば、それらの完成は六千年紀にわたることは明白だからである。

二八 4 まさにこの理由から、最初に神の両手によって、すなわち御子と霊によって造られたもの〔人間アダム〕(423)は、そのすべての時間をかけてこそ、神の形と類似性にしたがったものとなるのである。その際、「殻」、つまり背信は投げ捨てられ、「実」は納屋に納められる(424)。なぜなら、「実」とは神に信仰という実を献げる者たちのことだからである。それゆえに、救われる者たちには艱難辛苦が避けがたい。それは、いわば〔パン粉のように〕延ばされ、忍耐によって神の言葉《ロゴス》と一緒に捏ね合されて焼かれ(425)、王の祝宴に連なる者となるためである。そのことは、われわれの仲間の一人で、神への証のために野獣の刑を宣告された者が、こう述べたとおりである。「わたしはキリストの穀物である。獣たちの歯で噛み砕かれて、神のための潔きパンと見做されたいものだ」(426)。

二九 1 さて、なぜ神はすべてがそのようになることをお許しになるのか。その理由については、私はすでに本巻に先立つ巻で述べたとおりである。また、すべてがそのようになることは、人間〔人類〕が救われるためであることもすでに私が論証したとおりである。すなわち、人間の自由意志に係るものを不死性の目標に向けて成熟させると同時に、人間を永遠に神に服従するにより適したものとするためなのである。この理由から、被造物も人間のために用いられるのである。なぜなら、人間が被造物のために造られたのではなく、被造物が人間のために造られたからである。異邦人たちは自らの目を天に向けたことがなく、自分たちをお造りになった方に感謝を献げたこともなく、真理の光を見たいと思ったこともなく、目の見えない鼠のように無知の深みに隠れて〈いる〉。その彼らのことを、〔聖書の〕言葉はいみじくも、土器に落ちる滴、秤につもった埃、[427] そして虚無[428]に等しいものと見做してきた。なぜなら、彼らは麦の茎が穀粒の成長にとって役に立ち、その殻が燃やせば金の精錬のために役に立つ程度にしか、聖徒たちの役に立たず、意義も持たないからである。[429] それゆえに、終わりの時に、教会がこの場所〔地上〕から突然取り去られるときには、「〔世の〕初めから今までなかったような、そしてこれからも決してないほどの艱難がやってくるだろう」[430]と聖書は言うのである。すなわち、これが義人たちの最後の戦いであって、彼らはそれに勝利を収めて、不滅性の冠を戴くことになるだろう。

二九 2 したがって、登場してくるその獣において、あらゆる不正と欺瞞が総括されるのである。その結果、その獣の中にすべての背信の力が流れ込んで閉じ込められ、燃え盛る炉の中に投げ込まれる。[431] それと一致して、その獣の名前も六百六十六という数字を持つことになるだろう。[432] その名前は自分の中に、あの洪水の前に天使たちの背信[433]によって起きたあらゆる悪の一覧を総括することになる。なぜなら、ノアが六百歳であったとき、地上を洪水が襲い、アダムに続いた子孫たちの悪行のゆえに、地上の生き物[434]をぬぐい去ったからである。[435] 彼〔反キリスト〕はあの洪水以降のすべての偶像崇拝を総括するだろう。その偶像崇拝の最後にネブカドネツァルによって立てられたあの偶像は、高さが六十ペキス、幅が六ペキスであった。[436] その像全体が来るべき反キリストの予型であった。背信のゆえに洪水が起きたときのノアは六百歳であったこと、それに〔ネブカドネツァルが立てた〕像のペキス〔の値〕を〔合計すると六百六十六になり〕、前述のように、あの名前の数字〔数価〕を象徴しているわけである。すなわち、六千年にわたるすべての背信と不義と悪がその中に総括されるあの名前のことである。

反キリストの数字化された名により、その名を今から知ることができるのか〔三〇・一〜四〕

三〇 1 (437) 状況は以上述べたとおりである。また、すべての信頼に足る古写本でも、この数字になっている。さらにそれに加えて、ヨハネと直接顔を合わせて会ったことがある者たちも証言しているとおり、また、われわれ自身の理性も教えているとおり、その獣の名前の数字は、ギリシア人がその名前に使われている文字に基づいて行う計算法によれば、六百六十六になるはずである。すなわち、十の位が百の位と、百の位が一の位と同じ数字なのである――六と呼ばれる数字が同じように注意深く使われているが、それはすでに最初と真ん中で生じ、やがて終わりの時にも生じてくるはずのすべての背信を総括することを示している。〔ただし、〕私が分からないのは、なぜ何人かの者たちが愚かにもつまずいて無知に準じてしまい、その名前の真ん中の数字を蔑ろにしているのかである。つまり、五十をそこから引いて、六十の代わりに十が正しいのだと見做したがっているのである。しかし、私が見るところでは、これは写字生たちによくある間違いだったのである。というのは、数字は文字で表されるのだが、六十を表すギリシア文字〔クシー Ξ あるいは ξ〕は、引き延ばされた字体では、容易に同じギリシア語のイオータ〔Ι あるいは ι〕の文字に似てしまうからである。さて、そのしばらく後に、また別の者たちが、事情をよく調べもしないまま、それ〔書き間違い〕をそのまま受け入れてしまったのである。そしてさらに別の者たちがその十の位の数字を単純かつ愚かにもそのまま書き写してしまった。そしてさらに別のある者たちが、趣味の悪いことに、的外れで成り立たないその数字を持つ名前はだれなのか、と敢えて探求を始めたという次第である。ただし、単純かつ悪意なしにそうした者たちには神の赦しがあるはずだと私は思う。しかし虚栄心から、間違った数字をそのまま含む名前を勝手にでっち上げ、しかも自分たちのそのでっち上げの名前こそが、やがて登場してくるはずのあの者〔反キリスト〕の名前であると断定するような輩は、刑罰を受けないではすまないだろう。なぜなら、そのような者たちは、自分たち自身はもちろんのこと、彼らを信じた者たちをも誤った道へ連れ込んだわけであるから。彼らが受けるべき第一の刑罰は、真理から逸れること、そして有りもしないものを〈有る〉かのように見做すことである。次に、聖書に何かを付け加えたり、何かを削除したりするような者たちには、小さからぬ刑罰が用意されていて、彼らはその中に落ちねばならないことである。反キリストの名前を知っているなどと予め装った者たちには、その他の危険もついてくる。その危険は決してどうでもよいようなものではない。なぜなら、もし彼らが考えている名前と、実際に彼〔反キリスト〕が登場してくるときの名前が違っていたら、彼らはいともたやすく彼に騙されてしまうだろう。要注意の当の反キリストはまだ登場してはいないことになってしまうからである。

三〇 2 それゆえ、そのようなことをしている者たちは、さらに学んで、その名前に含まれる真の数字に立ち戻り、偽預言者に数えられないようにすることが必要である。しかし、もしその者たちが聖書によって告知された数字、つまり六百六十六[438]を間違いなく知りたいのであれば、何よりもまず王国が十に分割されることに耐えねばならない。その後、彼ら〔十人の王〕がそれぞれの支配と政務を司り始め、それぞれの王国を拡大しようとすると、あの者が予期しない仕方で登場して、王権を自分の手に奪い取って、前述の者たちを脅かすであろう。なぜなら、彼の名前はすでに触れた数字を含んでいるからである。この者こそ「荒らす忌むべき物[439]」であることを知ることが〔彼らには必要なのである〕。使徒〔パウロ〕もそのことについて、「人々が『平和だ、衛りだ』と言っているその時、突然彼らを破滅が襲う[440]」と言っている。エレミヤはその者の登場が突然であることのみならず、彼がどの部族から現れるかについても、こう明言している。「ダンから彼の俊敏な軍馬の声が聞こえる。彼の軍馬の隊列のいななきの声によって、全地が震えるだろう。やがて彼はやって来て地を呑み込み、そこに満ちるもの、街とその中に住む者たちを呑み込むだろう[441]」。黙示録で救われる者たちの中にこの部族〔ダン〕が数えられていないのは、この理由によるのである。

三〇3[442] **したがって、何か不特定の名前をあれこれ詮索するよりも、予言の成就を忍耐して待ち続ける方が確実であり、危険も少ない。加えて、前述の数字を持つ名前は多数見つかるのである。それでも、同じ問いは少しも減るわけではない。なぜなら、その数字を持つ名前が多数見つかれば、そのうちの一体どの名前で来るべき者はやって来るのか、という問いが残されるからである。**われわれは以下で、同じ数字を持つ名前をいくつか上げてみるが、**それは窮余の一策として行うわけではなく、**神への畏れと真理に対する熱心ゆえのことである。たとえば、**ΕΥΑΝΘΑΣ**（エウアンタス）という名前であるが、これは目下問題になっている数字を含んでいる[443]。しかし、その点については私はここで確証を控えたい。**ΛΑΤΕΙΝΟΣ**（ラテイノス）も六百六十六の数字を持っているが[444]、〔これが来るべき者の名前である〕蓋然性は大きい。なぜなら、〔あの十の王国の〕最後の王国はこの表記で示されているからである。ラテン人〔ローマ人〕は今現に世界を支配している者たちである。しかし、われわれとしては、そのことを誇ったりしないだろう。さらに**ΤΕΙΤΑΝ**（テイタン）も同じである。第一音節に二つの母音**Ε**（エプシロン）と**Ι**（イオータ）が書かれれば〔全体で同じ数価となる〕[445]。そしてこの名前にはわれわれの手元にあるものの中では最大の信憑性がある。なぜなら、この名前は前述の数字を内包しており、六文字から成り、二つの音節それぞれが三文字から成り、しかも古くからあるが馴染みのない名前であるからだ。われわれの時代の王たちの中でティタン（Titan）と呼ばれた王はいない。ギリシア人と野蛮人〔バルバロイ〕たちの間で公然と拝まれた偶像たちの中にも、この名を持つ者はいない。ところが、この名前は多くの民の間で神的なものと考えられている。そのため、太陽も現今優勢を張っている者たちの間で、ティタンと呼ばれているほどである。しかもこの名前には、いかほどか復讐を示唆するところ、また、処罰をもたらす者を示唆するところがある。そして、あの者〔来るべき反キリスト〕も不当に扱われた者たちのために復讐するかのように装うからである。それとは別に、この名前は古くからあって、信頼に値し、王にふさわしい名前、そう、言わば専制君主に適した名前である。このように、このティタンという名前には、説得力があり蓋然性もあるので、われわれとしては、来るべき者はおそらくティタンと呼ばれるのではないかと結論づけることができよう。[446] しかしながら、われわれは敢えて危険を犯してまで反キリストの名前を論証ずみであるかのように予め公言するつもりはない。なぜなら、[447] もし仮に今現にこの時に、彼の名前が宣明されるべきであるとしたら、その名はあの黙示を見た者〔ヨハネ〕その人によってすでに語られていてしかるべきであったからである。しかも、彼がその黙示を見たのは、さほど遠い昔のことではなく、われわれと同じ世代のこと、ドミティアヌスの治世の終わりのことにすぎないのである。[448]

三〇 4 彼〔ヨハネ〕はその名前の持つ数字については、たしかに明示してくれている。それはわれわれが来るべき者がだれであるかを知って、彼に注意を払うためである。しかし彼の名前については、ヨハネは沈黙している。それはその名前が聖なる霊によって告知されるに値しないからである。もし仮に〔聖なる霊によって〕告知されていたとしたら、彼〔来るべき者〕はおそらく長い時間にわたってとどまったことであろう。ところが、「〔彼は〕以前はいたが、今はいない。やがて底なしの淵から上がってくるが、ついには滅びてしまう」[449]。そしてもはやいないかのようになる。それゆえに、彼の名前も広言されないのである。なぜなら、現にいないものの名前が広言されることはないからである。しかし、反キリストが地上のこの世界のすべてのものに荒廃をもたらし、三年六箇月にわたって支配し、エルサレムの神殿に座したならば、その時にこそ主が天の雲に乗って、父の栄光の中に、やって来られるだろう。[450] そして彼〔反キリスト〕と彼に聞きしたがう者たちを、火の池に投げ込むだろう。[451] しかし、義人たちには、王国の時を、すなわち安息をもたらしてくださるだろう。[452] それは聖別された第七日のことである。[453] そしてアブラハムに約束された子孫を再興されるだろう。その王国では、東と西からやってきた多くの人々が、アブラハム、イサク、ヤコブとともに祝宴の席につくだろう、[454] と主は言われる。

二　義人たちの復活（三一・一〜三六・二）

義人たちの天的生命への歩みの発展段階（三一・一〜二）

三一 1正しい信仰の持ち主と思われている人々の中にも、義人たちが取るべき前進の秩序を飛び越えて先へ進み、不滅性に到達するまでに踏むべき準備段階について知らない者が何人かいるのである。その者たちの念頭には異端的な観念が収まっているからである――異端者たちは神のお造りになったものを見下げており、彼ら自身が身に負っている肉についてもそれが救われることを受け入れない。彼らは神がお与えになった約束を馬鹿にし、自分たちの精神でもって神を丸ごと凌駕し、自分たちは死んだらすぐに、もろもろの天はもちろん、造物主《デーミウールゴス》の頭上も飛び越えて、彼らの母、あるいは彼らが勝手にでっち上げた「父」のもとへ赴くのだ、と主張するのである。したがって、その者たちは復活というもの全般を論難するわけで、彼ら自身に係るかぎりでは、それをまったく解消してしまう。そうであるから、彼らが復活に係る秩序というものを知らないとしても、何も驚くには値しないのである。もし仮に彼らが言うとおりだとすれば、主ご自身も――ちなみに、彼らも主を信じていると言うのだが――三日目に復活などなさったはずがないであろうし、むしろ十字架上で最後の息を引き取られるや否や、ただちに上方に向かって立ち去り、地上には身体だけを残してゆかれればよかったことになるだろう。しかし、彼らはこのことも理解したいとは思わないのである。ところが、主は実際のところ、三日間にわたって死人たちがいる場所にとどまられたのである。そのことは、ある預言者がこう言っているとおりである。「主はご自分に属する者として死んだ聖徒たちのこと、すなわち、それ以前に眠りについて地の墓の中にいる者たちのことを覚えておられ、彼らのところへ降りて行かれた。それは彼らを導き出し、救うためであった」[455]。主ご自身もまた、こう言っておられる。「ヨナが三日三晩、大魚の腹の中にいたように、人の子も大地の懐の中にいることになる」[456]。さらに使徒もこう言っている。「彼〔キリスト〕は上って行った。ということは、〔その前に〕大地の低みに降りておられたということではないか」[457]。ダビデも主のことを予言して、こう言っている。「あなたはわたしの魂を陰府の深みから引き出してくださいました」[458]。主は三日目に復活された後、最初に彼を見て拝んだマリアに、こう言われた。「わたしに触ってはいけない。わたしはまだ父のもとへ上っていないからである。弟子たちのところへ行って、こう伝えなさい。『わたしはわたしの父であり、あなたがたの父である方のもとへ上って行く』と」[459]。

三 2 このように、主は死人の間から最初に生まれた者となるために、死人たちに課された法を守られて、三日目に至るまで大地の深いところにとどまられ[460]、その後初めて肉において甦り、弟子たちに釘の傷跡をお見せになって[461]、それから父のもとへ上って行かれたのである。そうであれば、一体どうして、陰府とはわれわれの目の前のこの世界のことであり、彼らの中の「内なる人間」は身体をその世界に置き去りにして、天の彼方の場所へと上って行くなどと主張する者たちにとって、混乱なしで済むであろうか。主は死者たちの心魂が置かれた「死の陰の中を歩まれ」[462]、その後で、肉体と共に甦られて、その甦りの後、〔天に〕受け入れられたのである。それゆえに、主の弟子たちの心魂も[463]——なぜなら、主がこのことをなされたのは彼らのためであったのだから——あの目に見えない場所へ立ち去って行くことになるのは明らかである。その場所は神が彼らのためにお定めになった場所であり、彼らはそこで復活までそれを待望しながら共に過ごすことになるであろう。その後は、やがて彼らも再び身体を受け取り、全体として復活するであろう。つまり、身体をともなって復活するであろう。そして主が甦られたのと同じように、神の面前に出ることであろう。「なぜなら、どの弟子も師にまさるものではない。しかし、だれでも完全になれば師のようになるからである」[464]。したがって、われわれの師は決して突然飛び去るようにいなくなったわけではなく、父によって定められたご自分の復活の時を待たれ、ヨナによっても明らかにされているとおり、三日の後に甦って天に受け入れられたのである。それと同じように、われわれもまた、神によって定められ、預言者たちによって告知されてきたわれわれ自身の復活の時まで待たねばならない。その時には、神がそれに値すると見做されるかぎりの者たちが、〔死から〕甦って受け入れられることになる。

神により父祖たちになされた約束の実現としての義人たちの王国（三二・一〜二）

三二 1 さて、何人かの者たちは、その考えが異端者たちの話に引き摺られてしまっている。そのため、彼らは神による救いの経綸のことを知らず、義人たちに係る復活と王国の奥義、すなわち、不滅性の始まりについても何も知らない。実は、その王国によって、それにふさわしいと見做される者たちが、少しずつ訓練されて神を把握するようになるのである。〔ただし〕その者たちについて、ここで言っておかねばならないことがある。すなわち、〔彼ら〕義人たちは、今現にあるこの被造世界がまず更新され、そこに主が出現される時に、他でもないその更新された被造世界の中で死から甦り、神がかつて父祖たちにお与えになった約束を受け継ぐのである。そして彼らはその世界の中で王国を支配するだろう。その後に、〈万人の〉裁きが行われるのである[465]。なぜなら、彼ら〔義人たち〕はこの被造世界の中で労苦し、苦しめられ、あらゆる試練に遭いながら忍耐してきたのであるから、それと同じこの被造世界の中で彼らがその忍耐の実を受け取ることは正当なことである。彼らはこの被造世界の〈中で〉、神への愛ゆえに殺されてきたのであるから、同じこの世界の中で生かされる〔のは当然である〕。彼らはこの被造世界の中で、奴隷の立場に耐えてきたのであるから、同じこの世界の中で彼らが王国を支配する〔のは当然である〕。神はあらゆる点において富んでおられ、すべては神のものである。それゆえに、この現下の被造世界は原初の状態へ再び統合し直されて、何物によっても妨げられずに、義人たちのために役立たねばならないのである。このことは使徒〔パウロ〕もローマの信徒に宛てた手紙の中で、こう言って明らかにしている。「被造物は神の子らの出現を待ち望んでいる。被造物は虚無に服従しているが、それは自ら望んだことではなく、服従させた方によるのである。そこには希望がある。それは被造物自身もやがて滅びへの隷属から解放されて、神の子らの栄光に輝く自由に与ることである」[466]。

三二 2 したがって、神がアブラハムに与えた約束は揺らぐことなく続いてきたのである。神はそのときこう言われた。「さあ、目を上げて、あなたが今いる場所から、北と南、東と海までを見渡しなさい。あなたが見るそのすべての土地を、わたしはあなたとあなたの子孫に永久に与えよう」[467]。さらにこうも言われた。「さあ、立って、この土地を縦横に歩き回るがよい。わたしはそれをあなたに与えよう」[468]。しかし、彼〔アブラハム〕はその土地では何の嗣業も受けなかった。わずか一歩の幅の土地さえも[469]。その土地では終始「寄留の移民」であり続けた。彼の妻のサラが死んだとき、ヘト人たちが彼にただで土地をゆずり、サラを埋葬させようとした。しかし、アブラハムはそれを受けようとはせず、ヘト人ツォハルの子エフロンから、銀四百シェケルで墓を買い取った[470]。なぜなら、彼は神の約束を待っていたからであり、神が彼に与えると約束したものを人間の手から受けるような者と思われたくなかったからである。すると、神は再び彼に言われた。「わたしはあなたの子孫にこの土地を与える。エジプトの川から大河ユーフラテスまで」[471]。さて、以上のように、神は彼にその土地を嗣業として与えることを約束しながら、アブラハムはその全生涯にわたってそれを受け取らなかったのである。そうであるならば、アブラハムがそれを子孫と一緒に受け取るのは、義人たちが復活する時でなければならない。そして彼の子孫とは、神を畏れ、神を信じる者たちのことなのである。さらに、そのアブラハムの子孫とは教会のことである。教会は主を通して、彼〔アブラハム〕の養子とされるのである。それは洗礼者ヨハネが「神はこんな石からでも、アブラハムの子たちを造り出すことがおできなる」[472]と言ったとおりである。さらに使徒〔パウロ〕もガラテヤの信徒に宛てた手紙の中で、「兄弟たち、あなたがたは、イサクの場合のように、約束の子である」[473]と言っている。さらにパウロは同じ手紙の中で、キリストを信じる者たちが、やがてキリストを〈通して〉、アブラハムの約束を受け取ることになることを明瞭に述べて、こう言っている。「アブラハムと彼の子孫に約束が告げられた。その際、多くの人を指して〔複数形で〕『子孫たちに』とは言われず、一人の人を指して〔単数形で〕『子孫に』と言われている。これはキリストのことである」[474]。さらにまた、そう述べたことを確認するために、「そのように、アブラハムは神を信じた。それは彼の義と認められた。だからあなたがたは、信仰から生きる者たちこそがアブラハムの子孫であると心得なさい。聖書は、神が異邦人を信仰によって義とされることを見越して、アブラハムに『あなたによってすべての異邦人が祝福される』と予告したのである。それゆえ、信仰から生きる者たちは信仰の人アブラハムと共に祝福に与るであろう」[475]。このように、信仰から生きる者たちは信仰の人アブラハムと共に祝福に与るのであるから、そのような者たちこそアブラハムの子なのである。かつて神はアブラハムとその子孫〔単数形〕に、この土地を嗣ぐことを約束された。しかし、アブラハムもその子孫、つまり信仰によって義とされる者たちも、今現にこの地上でその嗣業を受け嗣ぐわけではない。彼らがそれを受け嗣ぐのは、義人たちが復活する時である。神は真実かつ信頼に値する方である。それゆえに〈主〉は、「柔和な人々は幸いである。彼らは地を嗣ぐであろう」[476]と言われたのである。

キリストにより、またヤコブとイザヤの預言によって告げられた地を嗣ぐこと（三三・一～四）

三三 1 主は、アブラハムとその子孫たちに彼らに約束された嗣業が始まることを告げるためにやって来られて、苦しみに遭われたとき、そして杯に感謝してから飲んで、それを弟子たちにお与えになったとき、こう言われた。「あなたがたはだれもがこれを飲みなさい。これは新しい契約のためのわたしの血であり、多くの人の罪のゆるしのために流される。あなたがたに言っておくが、わたしは今から後、父の御国であなたがたと共に新たに飲むその日までは、このぶどうの実から作ったものを飲まないだろう」[477]。いずれにせよ、ここで主は、ご自身が地を嗣がれ、〈それを〉更新され、再びかつてのように復興して、神の子らの栄光に仕えるものとされるときに、その地上〈で〉――このことはダビデも「〔神は〕地の面を新たにされる」[478]と言っているとおりである――ご自分の弟子たちと一緒にぶどうの実から作ったものを飲むことを約束されたのである。これによって主は二つのことを〔同時に〕示されたのである。一つは地を嗣がれることである。その地で新しいぶどうの実から作られたものが飲まれるのである。もう一つは彼の弟子たちが肉体と共に復活することである。なぜなら、新たに復活する肉は新しい飲み物を受ける肉と同じ肉だからである。主は上なる天の彼方のどこかでご自分の者たちとともに座して、ぶどうの実から作ったものを飲まれるとは考えられず、反対にそれを飲む者たちに肉が具わっていないとも考えられないからである。ぶどうから採られる飲み物は、肉のためのものであって、霊のためのものではないのである。

三三 2 この理由から、主もこう言われたのである。「あなたが昼食や夕食の会を催すときには、金持ち、友人、隣人、親類を招いてはいけない。その人たちもあなたを招いてお返しをするかもしれないからである。むしろ障碍者、目の見えない人、乞食を招きなさい。そうすれば、その人たちはあなたにお返しができないから、あなたには幸いとなるだろう。なぜなら、義人たちが復活するときに、あなたにも報いがあるからだ」[479]。

主はまたこうも言われた。「わたしのために畑、家、両親、兄弟、子供を捨てた者はだれであれ、この世ではその百倍を受け、来るべき世では永遠の命を受けるだろう」(480)。この世での百倍の報いとは何のことであろうか、また貧しい者たちのために昼食あるいは夕食を設けたことへの報いとは何のことであろうか。それらの報いは〔来るべき〕王国の時に与えられる。それはすなわち、あの聖別された第七日のこと、神がすべての創造の業を離れて安息された日(481)のことである。その第七日とは義人たちのための真の安息日である。その日には、彼らはもはやいかなる労苦(482)も払わないだろう。むしろ神によってそこに用意されている食卓に与るだろう。その食卓のすべての食べ物で彼らは満腹するだろう。

三三 3 イサクが年下の息子のヤコブを祝福したときの祝福もそれと同じ内容である。イサクは「見よ、わたしの子の香りは、主が祝福された野〔畑〕の香りのようだ」(483)といった。ここで畑とはこの世界のことである(484)。それゆえに、彼はさらにこう続けたのである。「どうか神がお前に、天の露と地の産み出す豊かなもの、多くの穀物とぶどう酒を与えてくださるように。そしてもろもろの民がお前に仕え、権力者たちがお前にひれ伏すように。そしてお前が兄弟〔エサウ〕の主となり、お前の父の子らがお前にひれ伏すように。お前のことを呪う者は呪われ、お前を祝福する者は祝福されるように」(485)。さて、これは〔来るべき〕王国の〈時〉が予め定められているということであって、もし仮にだれかこの意味に取らない者がいるとすれば、その人は重大な矛盾と葛藤に陥ることになるだろう。ちょうど、ユダヤ人たちがその状態に陥って、抜け出す手立てがなくなっているとおりである。なぜなら、この今の生活の中では、もろもろの民がヤコブに仕えなかっただけではない。同時にそのヤコブ自身も〔イサクから〕祝福を受けて旅立った後、自分の伯父のシリア人ラバンに二十年間にわたって仕えたのである(486)。そしてヤコブは自分の兄弟〔エサウ〕の主とならなかったばかりではなく、メソポタミアから父のもとへ戻ってきたときには、自分の方からエサウにひれ伏して、彼に多くの贈り物も届けたほどである[487]。さらにヤコブは、その当時住んでいた土地に飢饉が起きたときには、エジプトに移住し、そこの支配者のファラオにひれ伏した[488]。そのヤコブがどうして多くの穀物とぶどう酒を引き嗣いだと言えようか。それゆえ、〔ヤコブがイサクから受けた〕前述の祝福は〔来るべき〕王国の時を指すときにのみ、矛盾が生じないのである。その時とは、やがて義人たちが死者の間から甦って支配の座に就く時、そして被造物が更新され、解放されて、天からの露と地の豊穣さによってあらゆる食物を豊かに実らせる時のことである。そのことについては、主の弟子のヨハネと直接会ったことがある長老たち[489]がそのヨハネから聞いたことを思い出しながら語っていることがある。それによれば、主はその〔来るべき王国の〕時に関して、次のように教えて言われたそうである。「その日々が来れば、ぶどうの木が生え、どの木にも一万本の枝が生え、どの枝にも一万本の分枝が生え、どの分枝にも一万本の蔓が生え、どの蔓にも一万の房が実り、どの房にも一万個のぶどうの粒が実り、どの粒も搾られると二十五メトレテス[490]のぶどう酒になるだろう。そして聖徒たちのだれかがその房の一つをもごうとすると、別の房が『わたしの方が良いわよ。わたしをもいで！　わたしによって主をたたえてください』と言うであろう[491]」。同様に、小麦も一万の穂を出し、どの穂にも一万の穀粒が実り、どの穀粒も十ポンド[492]の白い純粋な粉をもたらすだろう。そしてその他の果実や種や野菜の場合もそれらとまったく同じで、一致して異なるところがないだろう。動物たちもそれらを食べ物として地から与えられ、互いに和み合って仲良くするだろう。そしてあらんかぎりの従順さで人間に従うであろう。

三三 4　このことは、ヨハネの講義を聴いた一人で、ポリュカルポスと同僚でもあったパピアスも自分の書物を通して——この人は古い時代の人で、五巻の書が彼によって著された——すなわち、その第四巻で証言している。それに彼は「これらのこと〔義人の王国の地上的な豊穣さ〕は、信じる者にとっては信じるに値する」と付け加えている[493]。さらに彼はこう言っている。「あの裏切り者のユダがそれを信じず、『一体主はどうやって、そんなものすごい実りを実現なさるのか』と問いを挟んだ。そのとき、主は『それはその時にいたる者たちが目の当たりにすることだ』と言われたそうである」。イザヤもその時のことを、次のように予告している。「その時には、狼は子羊と共に草を食み、豹は子山羊と共に伏すだろう。子牛と雄牛と獅子は共に草を食み、それぞれの子供も共にいるだろう。獅子と雌牛は藁を喰うだろう。乳飲み子はその手を蝮の穴に、蝮の子らの巣の中に入れるだろう。それでも、彼らは害を加えないだろう。わたしの聖なる山ではだれも滅ぼされることがないだろう」[494]。イザヤはもう一度まとめて、こう言っている。「その時には、狼と子羊は共に草を食み、獅子は牛のように藁を食べ、蛇は地〔の塵〕をパンのように食べるだろう。わたしの聖なる山のどこにおいても、殺すことも害することもないだろう、と主は言われる」[495]。もっとも、ある人々はこの文言をかつての野蛮人たちに当てはめて解釈しようと試みている。すなわち、もともとさまざまな民族に属して雑多なことをしていたが、〔その後主を〕信じるようになり、その後は義人たちと思いを一つにしている者たち[496]を指していると言うのである。もちろん、私もこの解釈を知らないわけではない。しかし、さまざまな民族からなる不特定の人間たちが同じ一つの信仰の下に集まり、彼らの間でそういうことが今現に起きるのであれば、義人たちが復活する時には、なおさら動物たちの上に、書かれたとおりのことが〈起きてしかるべきであろう〉。なぜなら、神はすべてにおいて富んでおられるからである。そして被造物が更新されるときには、すべての動物たちは、アダムが不従順を犯す前にそうであったのと同じように、人間に聞き従うようになり[497]、最初に神から与えられたあの食べ物に立ち帰って、地からの実り〔草〕を〈食べ〉なければならない[498]。もちろん、獅子が藁を食らうことは、今この時には示しようがない。しかし、そのことが表しているのは、〔地の〕実りが如何に豊かで夥しいかということなのである。なぜなら、野獣の獅子が藁を食らうのであれば、その藁が獅子の食べ物として適している小麦そのものは、一体どのような質のものでなければならないことであろうか。

神におけるイスラエルの復興、それは主のものに与るため（三四・一〜三）

三四 1 義人の復活の時にはそのような悦びがあることを、イザヤ自身も明瞭にこう述べている。「死者たちは起き上がり、墓の中の者たちは立ち上がるであろう。地の上にいる者たちは喜ぶだろう。あなた〔神〕からの露が彼らを癒すからである」[499]。エゼキエルも同じことをこう言っている。「見よ、わたしはお前たちの墓を開く。わたしはお前たちを墓から引き出し、〈イスラエルの地へ連れていく。わたしがお前たちの墓を開き〉[500]、わたしがわが民を墓から引き出すときに、〈お前たちはわたしが主であることを知るようになる〉[501]。わたしはお前たちに霊を与えよう。お前たちは生きる。わたしはお前たちをお前たちの地の上に置こう。お前たちは、わたしが主であることを知るようになる」[502]。さらにエゼキエルはこうも言っている。「主はこう言われる。『わたしはイスラエルを、彼らが散らされているもろもろの民の間から集めよう。わたしは諸国の民の前で、彼らによって聖なる者とされる。彼らはわたしがわたしの僕ヤコブに与えた土地に住むだろう。彼らは安らかにその土地に住み、家を建て、ぶどうの木を植える。わたしが彼らを侮辱した者たちすべてに、そして彼らの周りに住む者たちすべてに裁きを行うとき、彼らは安らかにそこに住むだろう。そして知るであろう。わたしが主なる神であり、彼らの父祖たちの神であることを』」[503]。少し前に述べたとおり、教会がアブラハムの子孫なのである。石からさえアブラハムの子らを起こしてまで[504]、救われるべき者たちをすべての民の間から集めること、これは新しい契約の中で起きるだろう[505]。そのことをわれわれが知るために、エレミヤはこう言っている。「見よ、このような日が来る、と主は言われる。もはや人々は『イスラエルの子らを〈エジプト〉[506]から導き出した主は生きておられるとは言わず、〈イスラエルの子らを〉北の国〈から〉、彼らが追いやられた場所から〈導き出した主は生きておられる〉』と言うようになる。主は彼らを彼らの父祖たちにお与えになった土地へ帰らせるだろう」[507]。

三四 2 被造物全体は〈神の〉御心にしたがって成長し発展していくように、そしてそのような実りを結んで成熟するべく定められているのである。そのために、イザヤはこう言っている。「その日には、そびえ立つすべての山々、高い丘の上を水が超えて行き、多くの者たちが滅び、城壁[508]が崩れるだろう。月の光は太陽の光のようになり、〈太陽の光は〉[509]七倍になるだろう。その日に〈主は〉ご自分の民の艱難とお前〔神の民〕が打たれた傷の痛みを癒してくださるだろう」[510]。ここで、打たれた傷の痛みというのは、人間が最初にアダムにおいて不従順であったために身に負ったものであり、すなわち死のことである。その打たれた傷を神はやがて癒して、われわれを死人たちの間から甦らせ、再び父祖たちの嗣業の相続人としてくださるであろう。それと同じように、[511]〈かつてヤフェトに与えられた祝福の内容はこうである。「神がヤフェト〔の土地〕を広げ、セムの家々に住まわせられる」[512]。そして〉イザヤはこうも言う。「そのとき、あなたは主を信じるようになる。主はあなたをすべての地の上に行き巡らせ、あなたの父祖ヤコブの嗣業で満腹させてくださる」[513]。これは主〔キリスト〕によって、次のように言われたことそのものである。「主人が戻ってきたときに、目を覚ましているのを見られる僕たちは幸いである。あなたがたに言っておくが、主人は帯を締めて、その僕たちを席に着かせ、その周りを行き交って給仕してくれるだろう。もし主人が夜中の見張りにやってくる時に、同じように〔目を覚ましているのを見られる僕たちは幸いである〕」。主人は彼らを席に着かせ、給仕してくれるだろう。それが夜中の見張りの第二時であろうと、第三時であろうと、その僕たちは幸いである」[514]。同じことを、ヨハネも黙示録で「第一の復活に与る者は、幸いな者、聖なる者である」[515]と言っている。そしてイザヤはこれらのことが起きる時点について、こう告知した。「わたし〔イザヤ〕は言った。『主よ、いつまででしょうか』。〔主は言われた。〕『町々が崩れ去って、住む者もなく、家々には人影もなく、大地が荒廃して崩れ去るときまでである』。その後、主は［われわれを］人々を遠くへ移されるだろう。そして残された者たちが地の面に増えていくだろう」[516]。また、ダニエルもこう言っている。「王権、権威、そして天下の大いなる王たちは、いと高き方の聖徒たちに与えられている。その方の王国は永遠に続き、すべての支配者たちが彼に仕え、聞き従うであろう」[517]。そして、ここで言われている約束が今この時にかかわるものだと誤解されないために、同じ預言者〔ダニエル〕に、「お前は行くがよい。そしてお前の定めにしたがい、日々が終わる時に立ち上がるがよい」[518]と言われたのである。

三四 3 これらの約束はただ預言者と父祖たちにだけ与えられたのではなく、教会に向けても告知されたのである。教会〔複数〕には諸々の民が一つに合体されており、霊はその教会のことを「島」とも呼んでいる。なぜなら、教会は怒濤の真っただ中に据えられており、誹謗の嵐に耐え抜いて、危険に曝されている者たちのための救いの港となっているからである。また、高きを愛して罪科の深み《ビュトス》を逃れようと努める人々にとっての避難場所だからである。そこでエレミヤはこう言っている。「もろもろの民よ、主の言葉を聞け。遠くの島々に告げ知らせて、こう言え。『イスラエルを散らされた[519]神はそれを集め、羊飼いが群れを守るようにそれを守られる。主はヤコブを解き放ち、彼にまさって強い者の手から贖われるからである。彼らはやってきて、シオンの丘で喜び躍るだろう。彼らは善きものに向かってやって来る。穀物、ぶどう酒、果物、家畜、そして羊たちのいる土地へ。彼らの魂は豊かに実を結ぶ樹のようになり、もはや飢えることがない。そのとき、おとめたちは若い男子たちが集まっているところで悦び、老人たちも喜ぶだろう。わたしは彼らの嘆きを喜びに変え、彼らを悦びに躍らせる。わたしはレビの子らの祭司たちの魂を広げて酔わせよう。わたしの民はわたしからくる善いもので満ち足りるだろう』」[520]。すでに前巻で述べたように[521]、「レビの子らと祭司たち」というのは、主の弟子たち全員のことである。彼らも神殿で安息日を汚したが、〈それでも〉罪に問われなかった[522]。したがって、この種類の約束は明らかに、義人たちの王国で現下の被造物による祝宴が行われることを表しているのであって、その給仕は神がご自分でなさると約束されたのである。

栄光のうちに再建されるエルサレム（三四・四～三五・一）

三四 4 さらにイザヤは、エルサレムとそこで支配する者について、こう言った。「主はこう言われる。『シオンに子孫と親類がいる者は幸いである。見よ、義なる王が支配される。君侯たちは〔正しい〕裁きをもって治めるだろう』[523]」。エルサレムの来るべき再建の準備については、こう言っている。「見よ、わたし〔神〕はあなた〔エルサレム〕のために紅玉石を準備しよう。あなたの基はサファイア、あなたの前の城壁は碧玉、あなたの城門は水晶、あなたの周りの城壁は選び抜かれた石で築こう。あなたの子らは皆、神について学び、大いに平和であろう。そしてあなたは正義をもって建てられるだろう」[524]。同じイザヤは繰り返して、こうも言う。「見よ、わたし〔神〕はエルサレムとわたしの民を創造して悦び躍らせ、〈……わたしの民全体を……〉[525]。その中にもはや泣き声も嘆きの声も聞こえないだろう。もはや若すぎる〔死を死ぬ〕者もなく、年老いて寿命を満たさない者もいないだろう。百歳で〔死ぬ者〕も青年であるが、罪人は百歳で死んで呪われた者となるだろう。そして人々は家を建て、自らそこに住むだろう。ぶどうの木を植え、自らその実を食べ、その酒を飲むだろう。自ら建てるが、他人がそこに住むのではない。自ら開墾するが、他人が食べるのでもない。なぜなら、わが民の日々〔一生〕はあの命の樹の日々のようになるからだ。彼らの働きの実は長寿を全うするだろう」[526]。

三五 1 この種の〔予言的な〕ことをアレゴリー〔寓喩〕化しようと試みる者たちがいる。しかし、もしそうするならば、すべてのことが自己矛盾せずに調和しているとは言えないことになるだろう。そして次のような文言そのものによって論破されてしまうだろう。たとえば、「もろもろの民の町々が、住む者もなくなって崩れ去り、家々には人影もなく、大地が荒廃して崩れ去るとき[527]」と言われる理由を問題にする文言のことである。

イザヤはさらに、「見よ、癒しがたい主の日が来る。怒りと憤りに満ちた日が。大地を荒廃させ、そこから罪人を絶つために」(528)と言っている。さらにこうも言う。「彼は主の栄光を目にすることがないように、取り除かれねばならない」(529)。これらのことが成就した後のことを、イザヤはこう述べる。「神は人々を遠くへ移されるだろう。そして残された者たちが地に増えていくだろう」(530)。彼らは家を建て、自らそこに住むであろう。また、ぶどうの木を植え、自らそれを食べるだろう」(531)。すなわち、これらの文言はすべて、義人たちが復活する時に関して言われているのであって、そのことには異論の余地がないからである。その復活は反キリストが到来した後、そして彼の支配に服したすべての民が滅びた後に起きるのである。その復活に与った義人たちは地を支配するだろう。そして主を見ることで成長し(532)、主を通して父なる神の栄光を捉えることに慣れるであろう。そしてその王国の中で、聖なる天使たちと交わりと一体性、また、霊的な存在との一体性も得ることであろう。そして艱難に耐え、悪しき者の手を逃れてきた者たちで、〔今現に〕主が天からやって来られるのを待ち望んでおり、主も〔やって来られて〕まだ肉体にあるのを見る者たち(533)――他でもないこの者たちを指して、預言者〔イザヤ〕は「そして残された者たちが地に増えていくだろう」(534)と言ったのである。また、この者たちのだれもが、神によってもろもろの民から選ばれ、やがて地上に残されて増え、聖徒たちの王国に入り、エルサレムで仕える者となるように準備されていたのである。〈ただし、このエルサレム〉とそこでの王国については、預言者エレミヤが(535)〈さらに明瞭に〉、次のように言い表している。「エルサレムよ、見回して、東を見よ。見よ、神ご自身のもとからお前のもとへ喜びがやってくる。見よ、お前が送り出した息子たちが帰ってくる。東から西まで聖なる方の言葉によって集められ、お前の神からくる栄光を喜びながら帰ってくる。エルサレムよ、悲しみと苦難の衣を脱ぎ、お前の神からくる栄光の飾りを身につけよ。お前の神からくる義の上着を二重にまとい、頭には永遠の栄光の冠をつけよ。神は天の下のすべての地に、お前の輝きを示される。お前は神ご自身によって、名前を『義の平和、神を崇める者にとっての栄光』と呼ばれる。エルサレムよ、立ち上がれ。高いところに立って、見回して、東を望め。見よ、太陽の昇るところと沈むところから、お前の息子たちが聖なる方の言葉によって集められる。彼らは神が再び〔自分たちのことを〕想い起こしてくださったことを喜ぶ。彼らは敵に引かれて、徒歩でお前のもとを離れて行ったが、神は彼らをお前のもとへ連れ戻される。王の玉座を栄光のうちに運ぶかのように。神は命じられた。すべての高い山と果てもない砂山は低くされ、谷は埋められて平地になるように。それはイスラエルが神の栄光に守られて歩むためである。すべての森とよい香りを放つすべての木々も、神の命令に従って、イスラエルのために木陰をつくる。神がご自分の栄光の喜ばしい光と共に、ご自身から発する慈しみと正義と共に、先立って行かれるからである」(536)。

義人たちの王国の後、すなわち天上のエルサレムと父の王国（三五・二〜三六・二）

三五[2]この種の本文はどれも、天上のことを指すものとしては理解できない。というのも、「神は天の下のすべての地に、お前の輝きを示される」(537)と言われているからである。むしろ、あの王国の時、すなわち、地がキリストによって更新され、エルサレムが上にあるエルサレムに倣って再建される暁のことなのである。このエルサレムについて、預言者イザヤがこう言っている。「見よ、わたしはお前の城壁をわが手に書き写した。お前は絶えずわたしの目の前にある」(538)。使徒〔パウロ〕もガラテヤの信徒に宛てた手紙の中で、「上のエルサレムは自由な女のことであり、われわれすべての母のことである」(539)と言っている。パウロがこう言うとき、決してあるアイオーンが間違った思いに取り憑かれたことを(540)指しているのでない。また、何か別の力がプレーローマ〈から〉離反して「プルーニーコス」(541)〔と呼ばれることになった〕ことを言っているわけでもない。そうではなくて、〈神の〉手に書き写されたエルサレムのことを言っているのである。ヨハネが黙示録の中で見たのは、このエルサレム自身が新しい地に降りてくる様子である。すなわち、あの王国の時が終わった後で――とヨハネは言うのであるが――「わたしは白くて大きな玉座とそこに座っておられる方を見た。天も地もその方の御前から逃げて行き、その在り処が〈見え〉なくなった」[542]。そしてヨハネは普遍的な〔万人の〕復活と審判についても説明して、大小さまざまな死人たちの姿を見たと言っている[543]。彼の言うところでは、「海はその中にいた死者を外に出した。そして死〈と〉陰府もその中にいた死者を出した。それから書物が開かれた」[544]。彼はまたこう言う、「命の書も開かれた。死者たちはそれらの書に記されたところにしたがい、それぞれの行いにしたがって裁かれた。死と陰府も火の池に投げ込まれた。〈火の池とは〉第二の死のこと〈である〉」[545]。これは「ゲヘナ」と呼ばれるもので、主はそれを火の池と呼ばれた[546]。ヨハネはさらに言う、「その名が命の書に記されていない者は、火の池に投げ込まれた」[547]。さらにその後で、こう言っている。「わたしは新しい天と地を見た。最初の天と〈最初の〉地は去って行き、もはや海もなくなった。さらにわたしは聖なる都、新しいエルサレムが、夫のために着飾った花嫁のように用意を整えて、天から下って来るのを見た。そのとき、わたしは玉座から語りかける大きな声を聞いた。『見よ、神の幕屋が人と共にあって、神が人と共に住み、人は神の民となる。神は自ら人と共にいて、その神となり、彼らの目から涙をことごとくぬぐい取ってくださる。もはや死はなく、悲しみも嘆きもなく、もはや痛みもない。最初のものは過ぎ去ったからである』」[548]。イザヤもこれと同じことを言っている。「天と地が新しくなる。人々はもはや昔のことを思い起こさない。それが彼らの心に上ることはなく、喜びと愉しみがそこにあるだろう」[549][550]。使徒〔パウロ〕によって「この世の有様は過ぎ去る」[551]と言われているのは、そのことである。主もそれと同じように、「地と天は過ぎ去る」[552]と言っておられる。主の弟子のヨハネが言っているように、これらのものが過ぎ去ると、上なるエルサレムが夫のために着飾った花嫁の姿で降りてくる。それは神の幕屋であり、神はその中で人と共に住む。最初の地にあったエルサレムはこの

〔天からの新しい〕エルサレムの予型であって、この予型の中で義人たちは不滅性に向けて準備し、救いのために整えられるのである。その予型の幕屋をモーセはあの山の上で与えられた(553)のである。これらのことは如何なる点でもアレゴリー〔寓喩〕化できない。むしろ、すべての点が確実かつ真実であり、実体のあることであって、義人たちの愉しみのために神によってなされるのである。人間を甦らせるのは真に神である。それと同じように、人間は本当に死から甦るのであり、ただ単にアレゴリー〔寓喩〕として甦るのではない。このことはすでに私が十分に論証してきたとおりである。人間は本当に甦るのであるから、同じように本当に、王国の時が続く間に、不滅性に向けて準備し、成長し、生きる力を強めて行き、やがて父の栄光を受けるに足るものとされるのである。その後、万物が更新されると、人間は神の都に住むことになる。なぜなら、こう言われているからである。「玉座に座しておられる方が言われた、『見よ、わたしはすべてのものを新しくする』。そして主が言われた、『書き記せ。これらの言葉は信頼でき、真実である』。そしてわたしに言われた、『事は成就した』と(554)」。そしてこれは理性に適ったことである(555)。

三六1 彼らは本当〔現実〕の人間なのであるから、彼らが〔義人たちの王国へ〕移されることも現実のものでなければならない。彼らは実在しない世界ではなく、実在する世界で進歩していかねばならない(556)。**なぜなら、被造物の実体と素材が消滅してしまうことはないからである。なぜなら、それをお造りになった方は揺るぎない方だからである。しかし、「この世の有様は過ぎ去る(557)」。これはつまり、あの**〔アダムとエバが〕**罪過を犯した世界のことである。人間はその中で老化してきたからである。それゆえに、現下の世界の有様は時間を限られたものになったのである。神はこのすべてを予めご存知であった。**そのことは、私が本書の先行する巻で、能うかぎり論証し、合わせて、何故この世界が時間を限られたものとして造られたのか、その理由も明らかにしたとおりである。**しかし、この世の有様が過ぎ去り、人間が更新され、不滅性に向けて生きる力を強めら**

れ、もはや老化することがなくなったときには、「天と地が新しくなる」[558]。そこに新しい人間は住み続け、とこしえに神と言葉を交わし続けるだろう。そしてこれが終わりなく永遠に続くことから、[559]イザヤはこう言ったのである。「わたしは新しい天と新しい地を創造する。それと同じように、あなたたちの子孫とあなたたちの名も、わたしの前に長く続く、と主は言われる」[560]。また、長老たちが[561]述べているとおり、天上に住むにふさわしいとされた者たちは、その天へ移っていくだろう。しかし、別の者たちは楽園の食べ物を享受するだろう。さらにまた別の者たちはきらびやかに輝く都と、神によってその都に与えられるあらゆる善きものを、ともどもに与えられるだろう。しかし、神はいたるところで目にされるであろう。それぞれの者がそうするにふさわしくなっているのに応じて。

三六2 〔同じ長老たちが言うところでは、〕住む場所のこの違いは、あの百倍の実を結ぶ者たち、六十倍の実を結ぶ者たち、三十倍の実を結ぶ者たちの間の違い[562]なのである。彼らの間には、天に受け入れられる者たちもいれば、楽園で過ごす者たちもおり、あの都に住む者たちもいる。それゆえに、主は父の家にはたくさんの住まいがあると言われた[563]のである。なぜなら、すべてのものは神のものであり、神はすべての者にそれぞれふさわしい家をお与えになるからである。彼〔神〕の言葉《ロゴス》が言っているように、すべての者に〔それぞれの住まいが〕、だれにはどれがふさわしいかに応じて割り振られるからである。そしてこれが、結婚式の宴に招かれた人々が横になって席に着きご馳走に与るあの部屋[564]のことなのである。その長老たちおよび使徒たちの弟子たちが言うには、救われる者たちの間にも、このような位階と席順があるのである。彼らはそのように段階を追って前進して行くのだと言う。すなわち、霊を通して御子〈へ至り〉、御子を通して上昇し、父のもとに至るのである。最後に、御子はご自分の業を父に委ねる。そのとき、使徒〔パウロ〕〈によって〉言われているとおり、「彼〔キリスト〕は、彼〔父〕がすべての敵を彼〔キリスト〕の足下に置くまでは、王国を支配されることになっている。最後の敵として死が滅ぼされる」[565]。すなわち、王国が続く時にすでに、義人は地の上にありながら、死のことを忘れているであろう。パウロはさらにこう言っている。「『すべてのものが服従させられた』と言う[566]とき、すべてを服従させた方はそこに含まれていないのである。すべてのものが彼に服従するとき、御子自身もすべてを服従させた方に服従されるであろう。そして神がすべてにおいてすべてとなるであろう」[567]。

結び　ひとりの父、ひとりの子、一つの人類（三六・三）

三六3 したがって、ヨハネは第一の義人たちの復活[568]と彼らが王国において地を嗣ぐことを正確に予見していたのである。預言者たちがそれについて予言したことも、それと合致している。主もまたそのことを教えて、彼の王国では弟子たちと共に、混ぜたぶどう酒の杯から新たに飲むことを約束されたのである[569]。〈[570]さらに主はこうも言われている。「墓の中にいる死者たちが人の子の声を聞く日が来る。善を行った者は復活して命に甦り、悪を行った者は復活して裁きに遭う」[571]。主が言われるには、善を行った者が最初に甦る。彼らは安息に入る。その後で、裁かれるべき者たちが甦るだろう。創世記の書にも、この世界が完成されるのは第六日である[572]、と記されているとおりである。その第六日とは、第六千年紀のことである。それから第七日となる。それは安息の日である。その日について、ダビデはこう語った。「それはわたしの憩い。義しい者たちがそこに入る」[573]。これは義人たちの王国[574]の第七千年紀のことである[575]。そこでは被造物が新たにされる。彼らはそのために守られて来たのであり、そこで不滅性に向けて準備されるだろう。〉そして使徒〔パウロ〕も、被造物がやがて滅びへの隷属から解き放たれて、神の子らの栄光の自由へ入れられることを告知している[576]。これらすべてのことにおいて、また、すべてのことを貫いて、同一の父なる神が示されている。それは人間を形作り、父祖たちには地を嗣がせると約束された方、やがて義人たちが復活する時にその地をお与えになり[577]、ご自分の御子の王国においてその約束を成就される方である。それはまた、未だ〔人間の〕目が見たことも、耳が聞いたことも、心に思い浮かんだこともないことを[578]、父のようにお授けになる方である。その父の御心を成し遂げられたのは、御子ただお一人であり、神の奥義が全うされていくのは、ただ一つの人類に向かってである。「このことこそ、天使たちも見たいと願っていることである」[579]。しかし、彼らには神の知恵を究める力がない。その知恵によってこそ、神によって形作られたものは御子と同じ形に、かつ同じ身体に完成されていくのである。それは神の子孫、すなわち、最初に生まれた言葉《ロゴス》が、被造物、つまり神により形作られたもの中に下り、それによって捉えられるためである。逆にまた、被造物がその言葉《ロゴス》を捉えるため、そして天使たちの頭上を越えて上昇し、言葉《ロゴス》のもとにいたって、神の形と類似性に即するためである。〔祝福された殉教者〕エイレナイオスの五巻からなる書〈『不当にもそう呼ばれたグノーシスに対する暴露と反駁』〉は、以上をもって完結する。

エイレナイオス『異端反駁』第五巻　訳註

1 使六・四参照。

2 以下の太字部分は『オルキドス詞華集』（Florilegium Orchidium, M. Richard/B. Hemmerdinger, Trois nouveaux fragments grecs de l'adversus haereses de Saint Iréné, ZNW 53［1962］, 252-255, ここでは特に255）に伝わるギリシア語本文による。

3 ヨハ一・一八参照。

4 ロマ一一・三四。イザ四〇・一三参照。

5 Ⅰヨハ一・六参照。

6 ラテン語は similitudo.

7 エフェ一・一一、Ⅰペト一・二参照。

8 コロ一・一四参照。

9 Ⅰテモ二・六参照。

10 以下の太字部分はキュロスのテオドレトス『乞食』（Eranites 3）に伝わるギリシア語本文による。

11 コロ一・一四参照。

12 以下の太字部分はキュロスのテオドレトス『乞食』（Eranites 2）に伝わるギリシア語本文による。

13 ギリシア語は ἀνακεφαλαιόω, ラテン語は recapitulô.

14 エビオン派については、第Ⅰ巻二六・二と訳註435も参照。

15 Ⅰコリ五・七参照。

16 ルカ一・三五参照。

17 ぶどう酒に水を混ぜ合わせることは、古代では一般的な習慣であったらしい。キリスト教会のいわゆる聖餐式にも混合されたぶどう酒が使われたことは、第Ⅰ巻一三・一と本巻三六・三においても前提されている。しかし、後二世紀のキリスト教の内外のさまざまな分派がぶどう酒を一切使わず、水だけで聖餐を行っていた。目下の文脈でも、直後の文章はそのことを示唆していると思われる。

18 創二・七参照。

19 御子イエス・キリストと聖霊のこと。第Ⅳ巻緒言・四、二〇・一参照。

20 創一・二六。

21 ヨハ一・一三。

22 コロ一・一四参照。

23 ロマ一一・三五参照。

24 エフェ一・七。コロ一・一四も参照。

25 以下の太字部分は、ダマスコのヨハネ『聖なる抜粋集』(Sacra Parallela, ed. K. Holl, Leipzig 1899, S. 68)に伝わるギリシア語本文による。

26 Ⅰコリ六・一五、エフェ五・三〇参照。

27 マタ五・四五参照。

28 ルカ二二・二〇並行、Ⅰコリ一一・二五参照。

29 ルカ二二・一九並行、Ⅰコリ一一・二四参照。

30 エフェ五・三〇参照。新約聖書の公式ギリシア語本文のこの箇所は「キリストの体の一部なのです」(新共同訳)とあるのみであるが、目下の引用のように読む本文伝承が存在する。

31 ルカ二四・三九参照。

32 ヨハ一二・二四。

33 知一・七参照。

34 少し大きな文脈でみれば、「神の経綸」を受けることもできる。

35 フィリ二・一一。

36 Ⅰコリ一五・五三参照。

37　Ⅱコリ一二・九。

38　ギリシア語は τῆς περὶ τὸν Θεὸν δόξης ὡς ἔστιν. ラテン語訳はこの前後を ab ea quae est circa Deum gloria sicuti est と訳している。とりわけこの箇所の δόξης を gloria「栄光」と訳すことが誤訳であることは、ルソー／ドートレロー／メルシエ、ブロックスが指摘している。

39　アダムの堕罪によって、人間が可死的存在となったこと。

40　次の太字部分までの通常字体の部分はラテン語訳にだけ存在する。

41　Ⅱコリ一二・七～九。

42　ヘブ一一・一九参照。

43　以下の太字部分は、ダマスコのヨハネ『聖なる抜粋集』(Sacra Parallela, ed. K. Holl, Leipzig 1899, S. 70) に伝わるギリシア語本文による。

44　Ⅰコリ一五・五三参照。

45　創二・七参照。

46　次の太字部分までの通常字体部分はラテン語訳にだけ存在する。註43に挙げたギリシア語本文は「さらに別のものはまた別のものとなった」。おそらくは抜粋者のダマスコのヨハネが短縮したのであろう。

47　この箇所から本巻一三・一までの部分には、註43に挙げたギリシア語本文とは別に、「イエーナのエイレナイオス・パピルス」と呼ばれるギリシア語のパピルスが存在する。校訂版 (H. Lietzmann, Der Jenaer Irenäus-Papyrus, 1912) があり、ルソー／ドートレロー／メルシエとブロックス版にも印刷されているが、きわめて断片的で、せいぜい単語レベルでの参照にしか耐えない。以下の本訳では、原則として参照外である。

48　ラテン語本文は、「神の大いなる知恵による以外には」。

49　詩一〇四・二四参照。

50　Ⅱコリ一二・九参照。

51　創五章参照。

52　以下の太字部分は、ダマスコのヨハネ『聖なる抜粋集』(Sacra Parallela, ed. K. Holl, Leipzig 1899, S. 72) に伝わるギリシア語本文による。

53　創五・二四、知四・一〇、シラ四四・一六、ヘブ一一・五参照。
54　王下二・一一参照。
55　ラテン語は「父祖たちも」。「霊的な人々」のギリシア語は πνευματικοί でヴァレンティノス派の用語とまったく同じである。しかし意味は異なり、むしろ少し後に出る「霊を具えた者たち」と同じ。後出の訳註57参照。
56　創二・八参照。
57　ギリシア語は πνευματοφόροι.
58　Ⅱコリ一二・四参照。
59　王下二・一一参照。
60　ヨナ一～二章参照。
61　ダニ三・一二以下。ただし、そこでは三人の名前はシャドラク、メシャク、アベド・ネゴである。ギリシア語訳旧約聖書（七十人訳）でもこの表記になっている。目下の箇所での表記との関係については、ダニ一・七参照。
62　ダニ三・九一～九二参照。
63　ルカ一八・二七。
64　ロマ八・二九参照。
65　創一・二六参照。
66　Ⅰコリ二・六。
67　以下の太字部分はエウセビオス『教会史』第五巻七・六に伝わるギリシア語本文による。
68　Ⅰコリ二・一五、三・一参照。
69　Ⅰコリ二・一一参照。
70　創一・二六「われわれにかたどり、われわれに似せて、人を造ろう」参照。旧約聖書では「かたどり」と「似せて」は類語を使った並行法で二詞一意の表現であるが、エイレナイオスの前後の教父たちの間では、両者を区別して、独特な神学的人間論が繰り広げられた。エイレナイオスもその一角である――人間は本来「神の形」と「神との類似性」の両方にしたがって完成されるべきものであったが、楽園におけるアダムとエバの堕罪において、「神の形」は人間の肉体の形として残ったものの、「神との類似性」の方は失われてしまった。それを再び取り返して、終わりの時の完成に向けて「やり直す」ために、神はその経綸による時が満ちると、それまでも肉体をまとわずに歴史の中に送り出して働かせてきた御子ロゴスを、今度は肉体をまとった形で「受肉」させて送り出し（遣り直し）、それまでの救済史全体を中間総括（再統合）して、そこから新たに「やり直す」のである。エイレナイオスのこの雄大な構想について詳しくは、鳥巣義文「アナケファライオーシス――エイレナイオスの救済論における意味の検討」『南山神学』第六号、一九八三年、六三～一〇四頁、同『エイレナイオスの救済史神学』新世社、二〇〇二年を参照。

71　Ｉテサ五・二三。
72　Ｉコリ三・一六～一七。
73　ヨハ二・一九、二一。
74　Ｉコリ六・一五。
75　Ｉコリ三・一七。
76　Ｉコリ六・一三～一四。
77　ヨハ二〇・二〇、二五、二七参照。
78　Ｉコリ六・一四。
79　ロマ八・一一。
80　創二・七。
81　詩二二・三〇。
82　ロマ八・一一。
83　Ｉコリ一五・四二。
84　Ｉコリ一五・三六。
85　Ｉコリ一五・四三。
86　Ｉコリ一五・四三。
87　創三・一九参照。

88 Ⅰコリ一五・四四。
89 Ⅰコリ一三・九、一二。
90 Ⅰペト一・八。
91 エフェ一一三〜一四。
92 イエーナのエイレナイオス・パピルス（前出註47参照）では πνευμα[τικ]οὺς と読める。
93 Ⅱコリ五・四参照。
94 ロマ八・九。
95 ロマ八・一五。
96 Ⅰコリ一三・一二参照。
97 創一・二六参照。
98 Ⅰコリ二・一五、三・一参照。
99 ロマ八・九参照。
100 以下の太字部分はカイサリアのバシリウス『聖霊について』二九・七二に伝わるギリシア語本文による。
101 Ⅰコリ三・三参照。
102 ロマ八・五参照。
103 エレ五・八。
104 詩四九・一三、二一。
105 レビ一一・二〜八、申一四・六〜八参照。
106 詩一・一参照。
107 ルカ六・四六。
108 Ⅰコリ三・三参照。
109 Ⅰコリ二・一四参照。新共同訳では「自然の人」。本訳では特に後出の本巻九・一との関連で、敢えて「心魂的人間」と訳す。
110 Ⅰコリ一五・五〇。

111　本巻六・一～七・二参照。
112　ルカ九・六〇／マタ八・二二。
113　ヨハ六・六三参照。
114　マタ五・八参照。
115　Ⅰコリ二・一五、三・一参照。
116　ロマ六・一一参照。
117　マタ二六・四一、マコ一四・三八参照。
118　おそらくもともとのギリシア語は ἄλογος「ロゴスなきもの」。
119　Ⅰコリ一五・四八。
120　前々註118を付した「理性なきもの」と対で、直後の「神の言葉《ロゴス》」に連動している。
121　黙六・一〇、一九・二参照。
122　Ⅰコリ一五・四九。
123　ロマ六・四。
124　以下の太字部分は、ダマスコのヨハネ『聖なる抜粋集』（Sacra Parallela, ed. K. Holl, Leipzig 1899, S. 74）に伝わるギリシア語本文による。
125　マタ五・五。
126　ラテン語 secundum rationem quae praedicta sunt であるが、末尾の sunt を est に補正して訳す。
127　Ⅰコリ一五・五〇。
128　Ⅰコリ六・九、一五・三三、ガラ六・七参照。
129　ロマ一一・一七、二四。
130　マタ七・一九。
131　エゼ三一・八、黙二・七参照。
132　Ⅰコリ一五・五〇。
133　マタ一三・二五参照。

134 マタ二四・四二参照。
135 創一・二六参照。
136 マタ七・一九。
137 Ⅰコリ一五・五〇。
138 ロマ八・八。
139 Ⅰコリ一五・五三。
140 ロマ八・九。
141 ロマ八・一〇～一一。
142 ロマ八・一三。
143 ロマ八・一三～一四。
144 ガラ五・一九～二一。
145 Ⅰコリ一五・五〇。
146 ロマ八・四、Ⅱコリ一〇・二参照。
147 ロマ六・一〇参照。
148 ガラ五・二二。
149 洗礼を指す。
150 Ⅰコリ六・九～一一。
151 Ⅰコリ一五・四九～五〇。
152 Ⅰコリ六・一一。
153 以下の太字部分は、ダマスコのヨハネ『聖なる抜粋集』（Sacra Parallela, ed. K. Holl, Leipzig 1899, S. 75）に伝わるギリシア語本文による。
154 イザ二五・八。
155 以下の太字部分は、Catenae in Sacras Scripturas: catena in Genesim 2,7 に伝わるギリシア語本文による。ちなみに、ラテン語の catena は「鎖」を意味する。したがって、ここに挙げたタイトルは、直訳すれば『聖書の鎖・創世記篇』となる。紀元後六世紀以降、主としてギリシア語圏の教会で、それまでにさまざまな教父によって著された聖書注解やその他のジャンルの有名な著作からの抜粋集が作成された。結果として、抜粋のみによる聖書注解という新しいジャンルが成立することとなり、それがcatenae「鎖」（複数形）と呼ばれた。ただし、抜粋の正確度も配列も抜粋者と写本によってさまざまである。ここに挙げた箇所Catenae in Sacras Scripturas: catena in Genesim 2,7は、ブロックスの訳註によれば、叢書Sources chrétiennes（Paris）153, 142に収録されているとのことであるが、本巻の訳者は未見である。

156 創二・七参照。

157 Ⅰコリ一五・四五参照。

158 イザ四二・五。

159 イザ五七・一六。ただし、七十人訳による。

160 使二・一七参照。

161 Ⅰコリ一五・四六。

162 創二・七参照。

163 Ⅰコリ一五・四五。

164 以下の太字部分は、ダマスコのヨハネ『聖なる抜粋集』（Sacra Parallela, ed. K. Holl, Leipzig 1899, S. 75）に伝わるギリシア語本文による。

165 マタ一八・一二〜一三参照。

166 Ⅰコリ一五・二二参照。

167 コロ三・五。

168 コロ三・五。

169 ガラ五・二一、Ⅰコリ一五・五〇参照。

170 コロ三・九。

171 ガラ一・一五参照。

172 フィリ一・二二。

173 フィリ一・二三。
174 コロ三・九。
175 エフェ四・二三参照。
176 コロ三・一〇。
177 創一・二六参照。
178 ラテン語は recapitulatio, ギリシア語では ἀνακεφαλαίωσις. 前出註70を参照。
179 ガラ一・一五～六。
180 マタ一二・九～一三並行参照。
181 マコ五・二二～二四、三五～四三並行参照。「祭司長」はエイレナイオスの勘違いで、正しくは会堂長。
182 ルカ七・一一～一七参照。
183 ヨハ一一・三九参照。
184 「イエーナのエイレナイオス・パピルス」（前出註47参照）はここで終わり。
185 マタ九・二五、ルカ七・一四～一五、八・五五参照（混合引用）。
186 ヨハ一一・四三～四四。およびヨハ一二・一七も参照。
187 ヨハ五・二五、二八～二九。
188 以下の太字部分は、ダマスコのヨハネ『聖なる抜粋集』（Sacra Parallela, ed. K. Holl, Leipzig 1899, S. 76）に伝わるギリシア語本文による。
189 Ⅰコリ一五・五〇。
190 Ⅰコリ一五・五三～五五。
191 以下の太字部分は、ダマスコのヨハネ『聖なる抜粋集』（Sacra Parallela, ed. K. Holl, Leipzig 1899, S. 76）に伝わるギリシア語本文による。
192 フィリ三・二〇～二一。
193 Ⅱコリ五・四～五。
194 Ⅰコリ六・二〇。

195　ほとんどすべての邦訳が「絶えずイエスのために死にさらされています」（新共同訳）のように訳している。その場合の「絶えず」のギリシア語は ἀεὶ である。エイレナイオスはその代わりに εἰ と読む本文を前提していたらしい。ラテン語訳はそれにしたがって、*si* enim nos qui vivimus in mortem tradimur propter Iesum, となっている。

196　Ⅱコリ四・一〇〜一一。

197　Ⅱコリ三・三。

198　フィリ三・一〇〜一一。

199　ラテン語は secundum hominem で、ギリシア語新約聖書の κατὰ ἄνθρωπον の直訳である。ブロックスはこれを「世の人が言うように」と訳しているが、誤訳である。

200　Ⅰコリ一五・三二、一三〜二一。

201　Ⅰコリ一五・五〇。

202　Ⅰコリ一五・五三。

203　Ⅱコリ四・一一。

204　ヨハ一・一四参照。

205　創四・一〇。

206　創九・五。

207　創九・六。

208　マタ二三・三五〜三六。ルカ一一・五〇〜五一も参照。

209　ラテン語では名詞の recapitulatio.　目下の文脈で視野におさめられているのは、受肉後地上を歩んでいる「神の言葉」イエスである。そのイエスが「間もなく」十字架上に流すことになる血は、それまですべての義人と預言者が流して来た血を「総括する」ものだということ。

210　創二・七参照。

211　ルカ一九・一〇参照。

212　コロ一・二一〜二二。

213 Ｉペト二・二二。ただし、そこでは「その口には偽りがなかった」となっており、エイレナイオスも本書第Ⅳ巻二〇・一では、そのように引用しているが、目下の箇所では「その心魂（anima）には」となっている。

214 コロ一・二二。

215 エフェ一・七。

216 エフェ二・一三。

217 エフェ二・一四～一五。後半の公式ギリシア語本文は τὸν νόμον τῶν ἐντολῶν ἐν δόγμασιν である。これを目下の箇所のラテン語は legem praeceptorum decretis evacuens と訳している。すなわち、ἐν δόγμασιν を奪格形 decretis で訳して、主動詞 evacuens に副詞としてかけている。したがって、decretis は、内容的にはモーセの律法とは区別されて、それを廃棄するためにキリストがもたらした新しい「規則」を指すはずである。この点で、エフェ二・一五の新共同訳の訳文「規則と戒律づくめの律法」と異なるので要注意。新共同訳のこの訳文は ἐν δόγμασιν を直前の τῶν ἐντολῶν と並行させて、τὸν νόμον にかかる形容詞句と解している。岩波版新約聖書の該当箇所もその点は同じ。おそらくエイレナイオス自身もそのように読解していたものと推測される。それをラテン語訳者が前述のように読解したのであるが、その際にモーセの律法に代わる「キリストの律法」という、すでに使徒後時代の文書に見られる観念を意識していたかどうかは分からない。

218 Ｉコリ一五・五〇参照。

219 ロマ六・一二～一三。

220 ロマ七・五。

221 コロ二・一九。

222 イザ二六・一九。

223 イザ六六・一三～一四。

224 エゼ三七・一～一〇。

225 エゼ三七・一二～一四。

226 ラテン語でも Demiurgus であるが、グノーシス神話のそれではなく、創世記の創造神を指す。

227 イザ六五・二二。ただし、ギリシア語訳（七十人訳）旧約聖書の本文からの自由な引用。

228　ラテン語訳は「主は彼ら〔病人たち〕に繰り返し言っていた」。しかし、これでは直後の「あなたは治ったのだ」の二人称単数とうまくつながらない。本訳はブロックスにしたがっているが、そのブロックスはアルメニア語訳に準じている。
229　ヨハ五・一四。
230　ヨハ九・三。
231　創二・七。
232　ヨハ九・六参照。
233　ヨハ九・三。
234　エレ一・五。
235　ガラ一・一五〜一六。
236　テト三・五。
237　ヨハ九・七。
238　ヨハ九・七参照。
239　創一・二六。
240　ラテン語では、男性単数の指示代名詞。内容的には、直前の「人間たち」を受けて「人類」のこと。
241　創三・九。
242　創三・一九。
243　前節以降、創三・九で神がアダムに呼びかける声を指してきたが、この箇所では次節で語られる「神の言葉《ロゴス》」を先取りしている。後出の一七・二も参照。
244　以下の太字部分は、ダマスコのヨハネ『聖なる抜粋集』（Sacra Parallela, ed. K. Holl, Leipzig 1899, S. 77）に伝わるギリシア語本文による。
245　ヨハ一・一四参照。
246　創三・一〜七のいわゆる「善悪の知識の木」のこと。
247　フィリ二・八。

248 Ⅰテモ二・五。
249 マタ六・一二。
250 マタ六・九並行参照。
251 前出の一六・一および訳註243参照。後出の一七・二も参照。
252 創三・八。
253 マタ九・二、ルカ五・二〇。
254 ルカ一・七八。
255 マタ九・八。
256 マタ九・六並行。
257 マタ九・六並行参照。
258 詩三二・一〜二。ロマ四・七〜八参照。
259 コロ二・一四。
260 王下六・一〜七参照。
261 以下の太字部分は、Catenae in Sacras Scripturas: catena in IV Regnorum（『聖書の鎖・列王記下篇』）6,5に伝わるギリシア語本文による。
262 マタ三・一〇並行。
263 エレ二三・二九の自由引用。
264 エフェ三・一八参照。
265 イザ一一・一二、エフェ二・一五〜一六、ヨハ一一・五二参照。「二つの民」でエイレナイオスが意味するのは、ユダヤ教徒と異邦人のことで、十字架上にイエスが左右に伸ばした二本の手は、その両方を「唯一の神のもとへ集める」ためであったということ。
266 エフェ四・六。
267 本書第Ⅰ巻で報告されたグノーシス諸派の神話を参照。
268 使五・三〇、一〇・三九、ガラ三・一三参照。エイレナイオスの含意は、木〔十字架〕が御子を「担った」ということ。

269 ヨハ一四・一一。

270 本書第Ⅰ巻で報告されたグノーシス諸派の神話とそれに対するエイレナイオスの反駁の第Ⅱ巻冒頭を参照。

271 エフェ四・六。

272 Ⅰコリ一一・三参照。

273 エフェ五・二三、コロ一・一八参照。

274 ヨハ七・三八参照。

275 エフェ四・六。

276 ヨハ一・一〜三。

277 ヨハ一・一〇〜一二。

278 ヨハ一・一四。

279 ヨハ一・一四。

280 エフェ四・六。

281 本書第Ⅰ巻二九・四、訳註457参照。

282 ヨハ一・一〇参照。

283 知一・七参照。

284 W. Overbeck, Menschwerdung. Eine Untersuchung zur literarischen und theologischen Einheit des fünften Buches „Adversus Haereses“ des Irenäus von Lyon, Bern u.a. 1995 (BSHST 61), 294-295 によれば、エイレナイオスはここで、世界霊魂はギリシア文字の**X**の形で世界万物を貫いているというプラトン哲学の宇宙論を意識しているとされる。**X**はキリスト教徒から見れば、十字架の象徴に他ならない。後三世紀以降のマニ教では、太古における戦闘で闇に敗北し、それに呑込まれてしまって、それ以後可視的世界の中に拡散している「光」のことを、「受難〔十字架〕のイエス（Jesus patibilis）」になぞらえる表象がある。しかし、エイレナイオスの時代にはマニ教は未だ登場していない。

285 ヨハ一・一一。

286 ヨハ一・一四。
287 エフェ一・一〇参照。
288 使五・三〇、一〇・三九、ガラ三・一三、申二一・二二～二三参照。
289 ヨハ一・一一。
290 申二八・六六。ただしギリシア語訳（七十人訳）旧約聖書による。
291 ヨハ一・一二。
292 詩五〇・二～三。
293 詩五〇・三～四。
294 エイレナイオスは、創三章の堕罪物語に登場する蛇は堕落天使（サタン）に他ならなかったと見做している。同じ見方は『使徒たちの使信の説明』一六章（『中世思想原典集成Ⅰ　初期ギリシア教父』平凡社、一九九五年、二一三～二一四頁）では、さらに明瞭に表明される。ただし、この見方は同時代のキリスト教およびユダヤ教の内外に、正統と異端の別を問わず広く認められるものである。詳しくは、大貫隆『グノーシス「妬み」の政治学』岩波書店、二〇〇八年、一〇九～一一九頁を参照。
295 ラテン語は per correptionem であるが、これを per correctionem と補正して訳す。
296 マタ一〇・一六参照。
297 箴一・二〇～二一。
298 ラテン語訳はギリシア語 ἑπτάμυξος をそのまま記している。出二五・三一～三七参照。
299 マタ一五・一四参照。
300 Ⅱテモ三・七参照。
301 ロマ一二・三。
302 エフェ一・一〇。
303 ラテン語は factus[est]「なられた」。
304 創三・一五。
305 ガラ三・一九。

306 ガラ四・四。
307 ガラ四・四。
308 創一・二六参照。
309 創世記三章の蛇＝悪魔（サタン）＝堕罪天使という等式（前出訳註294参照）が終始前提されていることに要注意。
310 マタ四・二並行参照。
311 マタ四・三並行。
312 マタ四・四並行、申八・三。
313 創三・六参照。善悪の知識の木の身を最初にエバ、次にアダムが取って食べたことを指す。
314 マタ四・六並行、詩九一・一一～一二。
315 マタ四・七並行、申六・一六。
316 ルカ四・六～七、マタ四・九。
317 マタ四・一〇並行、申六・一三。
318 マコ三・二七並行。
319 ラテン語は Contraria ergo in sermone eius qui ...であるが、ブロックスの訳註にしたがって Contraria ergo sermoni eius qui ...と補正して訳す。
320 ルカ一・七八参照。
321 マタ四・一〇並行参照。
322 申六・一三参照。
323 ロマ三・三〇。
324 マコ三・二七並行参照。
325 申六・四、五、一三。
326 マタ四・七並行、申六・一六。
327 マタ四・七並行、申六・一六。

328 ロマ一二・一六。
329 マタ四・一〇並行、申六・一三。
330 マタ四・九並行。
331 マタ一〇・二九参照。
332 ルカ四・六。
333 ヨハ八・四四。
334 ルカ四・六。
335 創二・一六～一七。
336 創三・一。
337 創三・二～三。
338 創三・四～五。
339 創三・四。
340 創一・五。
341 創二・一七。
342 創一・二六～三一によれば、人間は神の創造の一週間のうちの第六日に創造された。その翌日の第七日は神が安息したことになっているので、それは安息日の前日に当たると言える。他方、福音書によれば、イエスが十字架で処刑されたのも安息日の前日であった（マコ一五・四二並行、ヨハ一九・三一参照）。
343 Ⅱペト三・八、詩九〇・四参照。
344 創五・五参照。
345 ラテン語訳もギリシア語 παρασκευή をそのまま写している。
346 cena pura. 当然ながら、この文章はラテン語訳者による挿入である。
347 以上、エイナイオスがあれかこれかと考えあぐねている議論はすべて、なぜ創二・一七で神がアダムとエバに行う予告「あなたたちがそれから食べる日には、あなたたちは必ず死ぬであろう」がそのとおりに実現しなかったのかという問題を巡っている。アダムとエバは食べてすぐには死なないからである。この矛盾をそのまま放置すると、神の予告が嘘だったことになってしまうと懸念されたのである。この困難を避けるために持ち出されるのが、「神の一日は千年のようである」（Ⅱペト三・八）という有名な文言と、アダムの死とイエス・キリストの死が同じ金曜日であったとする予型（テュポス）論である。当然ながら、この問題にはエイレナイオスの前と後に長い問題史がある。

348　ヨハ八・四四。
349　ルカ四・六。
350　箴二一・一参照。
351　箴八・一五～一六（自由引用）。
352　ロマ一三・一。
353　ロマ一三・四。
354　ロマ一三・六。
355　マタ一七・二七参照。
356　ロマ一三・四。
357　以下の太字部分は、Catenae in Sacras Scripturas: Epistolae Catholicae（『聖書の鎖・公同書簡篇』）の中のⅠペト二・一六の段に伝わるギリシア語本文による。途中、太字ではなく通常字体の部分があるが、その部分はラテン語訳にはあるものの、ギリシア語本文には欠けている。
358　ラテン語は indumentum iustitiae, ギリシア語は ἐν αὐλίσματι δικαιοσύνης「正義の法廷で」。
359　この句はギリシア語本文にしかないもの。ギリシア語本文は、この後の通常字体の部分をスキップしている。その通常字体の文章はラテン語訳者による挿入と思われる。
360　ラテン語訳は「もろもろの国民の」。
361　ルソー／ドートレロー／メルシエはこの箇所に〈もし彼らが神に仕えるものたちであるならば〉と補正しているが、不必要だと思われるので、本訳では採用しない。ブロックスの訳註も同じ判断。
362　ロマ一三・六。
363　ロマ一三・一。

364 ルカ四・六。
365 ラテン語は「嘲り、虐待し、抑圧する」。
366 ラテン語訳はギリシア語のこの文章を正しく読解していないと思われる。ラテン語訳をその少し前から訳すと、次のようになる。「また別の者たちは〔民を〕嘲り、虐待し、抑圧する。それぞれの王たちはそれにふさわしいのである。しかし、神の正義の審判は、すでに述べたとおり、すべての者にひとしく及ぶのである」。
367 ラテン語本文は「彼〔悪魔〕に仕えようと試みさせる」。本訳はブロックスが採用しているアルメニア語訳に準じている。
368 エフェ二・二参照。
369 知二・二四参照。
370 本巻二三・一を参照。そこではエバが悪魔との問答の冒頭で、すでに彼の意図を見透かしたことになっている。
371 ルカ一〇・一九。
372 Ⅱテサ二・三〜四。
373 マタ二四・一五〜一七、二一。
374 ダニ七・七〜八。なお、この節の冒頭にある「最後の王国」とは、ダニ七・四〜七で順に言及される「四頭の大きな獣」の最後のものを指す。
375 ダニ七・八、二〇〜二一。
376 ダニ七・二三〜二五。
377 Ⅱテサ二・八〜一二。
378 ヨハ五・四三。
379 ルカ一八・二。
380 ルカ一八・三参照。
381 ダニ八・一一〜一二（ただし「七十人訳」ギリシア語訳）参照。引用文の時制が冒頭は未来形、その後は現在完了形で一貫しないが、ダニエルが見た幻の描写であることに要注意。

382　ダニ八・二三〜二五。
383　ダニ九・二七。
384　マタ二四・一五。
385　黙一七・一二〜一四。
386　ブロックスは「彼らの間で」。
387　マタ一二・二五並行。
388　この文章が文脈上果たす役割は、訳者にも今ひとつ分からない。
389　ダニ二・三三〜三四。
390　ダニ二・四一〜四二。
391　つまり婚姻。
392　ダニ二・四二〜四三。
393　ラテン語は quoniam finis fiet であるが、もともとのギリシア語はおそらく ὅ τι で導入される間接疑問文であったと推定される。それをラテン語訳者は接続詞 ὅτι と誤解したものと思われる。ルソー／ドートレロー／メルシエとブロックスの想定にしたがう。
394　ダニ二・四四〜四五。
395　ダニ二・四四。
396　マタ二五・四一参照。
397　以下の太字部分は、Catenae in Sacras Scripturas: Epistolae Catholicae（『聖書の鎖・公同書簡篇』）の中のⅠペト五・八の段とエウセビオス『教会史』第四巻一八・九に伝わるギリシア語本文による。
398　ラテン語では主語が不明確。
399　マタ一〇・三五並行。
400　ルカ一七・三四〜三五、マタ二四・四〇〜四一も参照。
401　マタ一三・三〇。
402　マタ二五・三三〜三四、四一参照。

403 ルカ二・三四。
404 ルカ一〇・一二参照。
405 マタ五・四五。
406 以下二八・一の終わりまでの太字部分は、ダマスコのヨハネ『聖なる抜粋集』(Sacra Parallela, ed. K. Holl, Leipzig 1899, S. 78-79) に伝わるギリシア語本文による。途中の通常字体の部分は、そこでは欠落。
407 ヨハ三・一八。
408 ヨハ三・一八。
409 ヨハ三・一九〜二一。
410 マタ二五・三四、四一参照。
411 以下二九・一の初めの部分までの太字部分は、『聖書傍注集成・黙示録篇』(Scholia in Sacras Scripturas: Scholion in Apocalypsin) に伝わるギリシア語本文による。該当する校訂ギリシア語本文は、ブロックスの訳註によれば、叢書 Sources chrétiennes (Paris) 153, 348 に収録されているとのことであるが、本巻の訳者は未見である。ブロックス版に再録されたギリシア語本文に準じる。ただし、二九・一までの間で通常字体に変わる部分は、ラテン語訳にしかない本文である。また、途中、後出註417に注記した部分のみは、別のところに保存されているギリシア語本文によるので要注意。
412 Ⅱテサ二・一〇〜一二。
413 Ⅱテサ二・四。
414 黙一九・二〇参照。
415 Ⅱテサ二・一一〜一二。
416 黙一三・二〜一〇。
417 以下の太字による二つの文章は、カイサレアのアンドレアス『黙示録註解』(後五六三〜六一四年の間に成立) に伝わるギリシア語本文による。
418 黙一三・一一〜一四。
419 以下引き続き二九・一の初めまでの太字部分は、前出註411に挙げたギリシア語本文(『聖書傍註集成・黙示録篇』(Scholia in Sacras Scripturas: Scholion in Apocalypsin) の続きである。ブロックスの訳註によれば、部分的に「パリ・ギリシア語写本一〇四三」の一五二頁、エウセビオス『教会史』第三巻三六・一二にも引用がある。

420　黙一三・一四〜一八。

421　創二・一〜二。

422　Ⅱペト三・八。詩九〇・四も参照。

423　創二・七参照。

424　マタ三・一二、ルカ三・一七参照。

425　ラテン語訳は「薄く延ばされ、水をまぶされ、忍耐によって神の言葉《ロゴス》と火に一緒に捏ね合されて」と苦し紛れの訳。

426　アンティオキアのイグナティオス『ローマの信徒への手紙』四・一参照。

427　イザ四〇・一五参照。

428　イザ四〇・一七参照。

429　以下三〇・一の終わりまでの太字部分は、『聖書傍註集成・黙示録篇』(Scholia in Sacras Scripturas: Scholion in Apocalypsin, Sources chrétiennes 153, 364)、ダマスコのヨハネ『聖なる抜粋集』(Sacra Parallela, ed. K. Holl, Leipzig 1899, S. 79)、エウセビオス『教会史』第五巻八・五に伝わるギリシア語本文による。ただし、本訳はブロックス版に再録されたギリシア語本文に準じる。

430　マタ二四・二一並行。

431　黙一九・二〇参照。

432　ここからこの段落の最後までのラテン語本文は、ギリシア語本文にはない文章を多く含み、重複している部分においても、単語レベルでのズレが大きい。その異同のすべてを同一の訳文に反映させることは不可能なので、段落の最後までのラテン語本文の訳を、以下に別に掲出する。

　その名前は自分の中に、あの洪水の前に天使たちの背信(創六・一〜二参照)によって起きたあらゆる悪の混合を総括することになる――なぜなら、ノアが六百歳であったとき、地上を洪水が襲い(創七・六参照)、ノアの時代の堕落した世代ゆえの地の反乱を（inresurrectionem terrae）ぬぐい去ったからである――すなわち、彼はあの洪水以降のすべての偶像崇拝の誤った考え、預言者たちの殺害、義人たちに対する火刑を総括するだろう。――ネブカドネツァルによって立てられたあの偶像は、高さが六十ペキス、幅が六ペキスであった（ダニ三・一）。その像とは、ハナンヤ、アザルヤ、ミシャエル（ダニ一・六～七参照）がそれを拝まなかったために、燃える炉の中に投げ込まれたものである（ダニ三・二〇参照）。彼らはそのとき彼らの身に起きたことによって、やがて終わりの時に義人たちの身に起きるはずの火刑を予言したのである。なぜなら、その像全体が来るべき者の予型だったからである。その来るべき者とは、すべての人間によって自分一人だけが拝まれるべきだと定める者〔反キリスト〕のことである。――背信のゆえに洪水が起きたときのノアは六百歳であったこと、そして〔三人の〕義人たちがそのために燃える炉の中に投げ込まれたあの像のペキスの数値は〔合計すると六百六十六になり〕、あの名前の数字〔数価〕を象徴しているわけである。すなわち、六千年にわたるすべての背信、不義、悪、偽預言、欺瞞がその中に総括されるあの名前のことである。このゆえに、やがて火の洪水が襲ってくるだろう。

433 創六・一～二参照。

434 ギリシア語は ἀνάστημα でギリシア語訳旧約聖書（七十人訳）の該当箇所（特に創七・二三）と正確に一致している。ルソー／ドートレロー／メルシエおよびブロックスが指摘するように、エイレナイオスも出典のギリシア語訳旧約聖書と同じ「生き物」の意味で用いていると思われる。しかし、ラテン語訳者は「反乱」の意味に取って、inresurrectio という新造語を当てている。E. Klebba のドイツ語訳（BKV4, 1912), S. 229 はラテン語訳に準じている。

435 創七・四、二三参照。

436 ダニ三・一参照。

437 以下の太字部分は、前出註429を付した箇所（二九・一の終わり）から始まるギリシア語本文の続きである。途中の通常字体の部分はラテン語訳にしかないことを示す。おそらくは、ラテン語訳者によって敷衍のために拡大されたものと思われる。

438 黙一三・一八。

439 マタ二四・一五、ダニ九・二七。
440 Ｉテサ五・三。
441 エレ八・一六。
442 以下の太字部分は、ダマスコのヨハネ『聖なる抜粋集』(Sacra Parallela, ed. K. Holl, Leipzig 1899, S. 81)、『聖書傍註集成・黙示録篇』(Scholia in Sacras Scripturas: Scholion in Apocalypsin, Sources chrétiennes 153, 378) に伝わるギリシア語本文による。ただし、本訳はブロックス版に再録されたギリシア語本文に準じる。
443 それぞれの文字の数価は**Ε** = 5, **Υ** = 400, **Α** = 1, **Ν** = 50, **Θ** = 9, **Α** = 1, **Σ** = 200で、合計666.
444 **Λ** = 30, **Α** = 1, **Τ** = 300, **Ε** = 5, **Ι** = 10, **Ν** = 50, **Ο** = 70, **Σ** = 200, 合計666.
445 **Τ** = 300, **Ε** = 5, **Ι** = 10, **Τ** = 300, **Α** = 1, **Ν** = 50, 合計666. なお、「第一音節に二つの母音**Ε**(エプシロン)と**Ι**(イオータ)が書かれれば」とあるのは、後続の文章に出る「ティタン(Titan)」との綴り上の違いを説明しようとするものである。両者は同じ名前であるが、第一音節の母音が**ει**か、あるいは**ι**だけかの違いである。実際の発音上の違いはなかったのだと考えられる。
446 以下の太字部分は、エウセビオス『教会史』第五巻八・六、第三巻一八・三に伝わるギリシア語本文による。
447 前註446の番号を付した箇所からこの箇所までのラテン語訳は次のとおりである。「しかしながら、われわれはこの名前に敢えて危険を犯してまでこだわるつもりはないし、来るべき者がこの名前を名乗るはずだと大真面目に予め宣言するつもりもない。なぜなら、われわれは承知しているからである……」。
448 ドミティアヌスは後九六年九月十八日に暗殺された。他方、エイレナイオスの本書の成立年代は後一八〇～一八五年とされる。したがって、ヨハネ黙示録の成立を「われわれと同じ世代のこと」と言うのは不当であるが、「ドミティアヌスの治世の終わりのこと」と言うのは、現在の新約聖書学でも定説となっている。
449 黙一七・八。
450 マタ一六・二七、マコ一三・二六参照。
451 黙一九・二〇参照。
452 ここでは、主の再臨は義人の王国の初めで起きることになっている。しかし、後出註533を参照のこと。

453　創二・二～三参照。
454　マタ八・一一／ルカ一三・二八～二九参照。
455　いわゆる「キリストの陰府下り」のこと。Ⅰペト三・一九、四・六参照。エイレナイオスはこれと似た引用を本書第Ⅲ巻二〇・四、第Ⅳ巻二二・一、三三・一、一二、『使徒たちの使信の説明』七八章でも行っている。引用の出典表記について詳しくは本書第Ⅲ巻（小林稔訳）の訳註941を参照。
456　マタ一二・四〇。
457　エフェ四・九。
458　詩八六・一三。
459　ヨハ二〇・一七。
460　エフェ四・九、マタ一二・四〇参照。
461　ヨハ二〇・二五、二七参照。
462　詩二三・四。
463　以下の太字部分は、ダマスコのヨハネ『聖なる抜粋集』（Sacra Parallela, ed. K. Holl, Leipzig 1899, S. 81）に伝わるギリシア語本文による。
464　ルカ六・四〇。
465　〈万人の〉はラテン語訳にはなく、アルメニア語訳に基づく補充である。ルソー／ドートレロー／メルシエとブロックスによる提案に準じる。最初に義人たちの復活があり、更新された地上の王国を嗣ぐという点は、黙二〇・一～六のいわゆる「キリストの千年王国」の描写に対応する。他方、「その後、〈万人の〉裁き」があるというのは、黙二〇・一一～一五に対応する。
466　ロマ八・一九～二一。
467　創一三・一四～一五。
468　創一三・一七。
469　使七・五参照。
470　創二三・三～二〇。「シェケル」は邦訳に合わせたもの。ラテン語では「二ドラクマ貨」。

471 創一五・一八。
472 マタ三・九／ルカ三・八。
473 ガラ四・二八。
474 ガラ三・一六。
475 ガラ三・六〜九。
476 マタ五・五。
477 マタ二六・二七〜二九並行。
478 詩一〇四・三〇。
479 ルカ一四・一二〜一三。
480 マタ一九・二九／ルカ一八・二九〜三〇。
481 創二・二〜三参照。
482 ラテン語は terrenum opus「地上の労苦」。ルソー／ドートレロー／メルシエとブロックスによれば、アルメニア語訳の方が元来にギリシア語 ἐπίπονον の語義を正しく保存している。
483 創二七・二七。
484 マタ一三・三八参照。
485 創二七・二八〜二九。
486 創二八〜三一章参照。
487 創三二〜三三章参照。
488 創四六〜四七章参照。
489 本書第Ⅱ巻二二・五、第Ⅲ巻二・二、第Ⅳ巻二六・二〜五にも同じ「長老たち」についての言及がある。
490 一メトレテスは約三十九リットル。
491 『シリア語バルク黙示録』（『聖書外典偽典5』村岡崇光訳）二九・五に似た文言がある。「大地もその実を一万倍産するであろう。一本のぶどうの蔓が千本の枝をはり、一本の枝が千の房をつけ、一つの房が千の実を結び、一つの実が一コルの酒を産するであろう」。

492 ラテン語は quinque bilibres「五ビリブラ」である。一ビリブラは二ポンドで、一ポンドは約五百グラム。

493 「信じる者にとっては信じるに値する」はパピアスの発言ということになるが、エイレナイオスが如何に「義人たちの王国」（後出の「千年王国」と同じ）の地上的現実性にこだわっているかを証明している。研究上は、この表象に関する論述はエイレナイオスの本来の思想と合致せず、『異端反駁』の元来からの一部ではないとする説が根強い。しかし、私（大貫）はこの見方に賛成しない。巻末の「訳者あとがき」一五四頁以下を参照。

494 イザ一一・六〜九。

495 イザ六五・二五。

496 ローマ帝国外の「野蛮人」の中で、キリスト教に改宗した者たちのこと。

497 創一・二六〜二八参照。

498 創一・三〇参照。

499 イザ二六・一九。

500 ラテン語訳者は〈 〉部分で脱文を犯している。ルソー／ドートレロー／メルシエとブロックスによれば、アルメニア語訳は全体を訳出している。ラテン語訳は、以下繰り返し同じように不注意な脱文を犯している。

501 前註で述べた脱文の一部。

502 エゼ三七・一二〜一四。

503 エゼ二八・二五〜二六。

504 マタ三・九／ルカ三・八参照。

505 ラテン語本文は quoniam in novo Testamento haec erunt, quae ex omnibus gentibus colliget eos, qui ... であるが、文法的に壊れているので意訳する。

506 以下この文章中の三つの〈 〉はラテン語本文では同一の脱文である。前出註500参照。

507 エレ一六・一四〜一五、二三・七〜八

508 ルソー／ドートレロー／メルシエとブロックスによれば、この箇所のアルメニア語訳は「塔」。

509 ラテン語本文では脱落。

510 イザ三〇・二五〜二六。

511 以下の〈 〉はラテン語本文では脱文。前出註500参照。

512 創九・二七。ブロックスの訳註によれば、エイレナイオスにとっては異邦人へのキリスト教の伝播を指すものとして重要な一文である。

513 イザ五八・一四。

514 ルカ一二・三七〜三八。

515 黙二〇・六。

516 イザ六・一一〜一二。ただし、ギリシア語訳旧約聖書（七十人訳）による。

517 ダニ七・二七。

518 ダニ一二・一三。

519 ラテン語はventilabitと未来形であるが、ルソー／ドートレロー／メルシエに順じ、ventilavitと補正して訳す。

520 エレ三一・一〇〜一四。

521 第Ⅳ巻八・三参照。

522 マタ一二・五参照。

523 イザ三一・九〜三二・一。ただし、ギリシア語訳旧約聖書（七十人訳）による。

524 イザ五四・一一〜一四。ただし、ギリシア語訳旧約聖書（七十人訳）による。

525 ルソー／ドートレロー／メルシエおよびブロックスは、アルメニア語訳に準じて「わたしは〜喜ぶだろう」と補正。

526 イザ六五・一八〜二二。ただし、ギリシア語訳旧約聖書（七十人訳）による。

527 イザ六・一一。

528 イザ一三・九。

529 イザ二六・一〇。ただし、ギリシア語訳旧約聖書（七十人訳）による。文頭の主語「彼」は、出典では「不信心な者」。

530 イザ六・一二。ただし、ギリシア語訳旧約聖書（七十人訳）による。

531　イザ六五・二一。
532　ラテン語は visione Domini. ブロックスはこれを「主の出現」と訳し、いわゆる「主の再臨」の意味を含めているように思われる。しかし、直後の文章では、「主の再臨」はまだ待望の対象である。
533　「そして艱難に耐え、悪しき者の手を逃れてきた者たちで、〔今現に〕主が天からやって来られるのを待ち望んでおり、主も〔やって来られて〕まだ肉体にあるのを見る者たち」のラテン語は次のとおりで、構文の読解がいささか困難である。Et illi quos Dominus in carne inveniet exspectantes eum de caelis et perpessos tribulationem, qui et effugerunt iniqui manus. いずれにせよ、この箇所では、義人たちは彼らの地上の千年王国の中でもなお主の再臨を待望している。しかし、本巻三〇・四では、同じ主の再臨は、すでに義人の王国の始めで起きている。否、むしろそれを地上で開始させるものである。すなわち、エイレナイオスの終末論においては、主の再臨がどの時点で起きるのか、いささか曖昧なのである。
534　イザ六・一二。ただし、ギリシア語訳旧約聖書（七十人訳）による。
535　実際には、バルク書（新共同訳聖書の続編に収録）四・三六～五・九である。エイレナイオスは同じ間違いを『使徒たちの使信の説明』九七章でも犯している（実際にはバル三・二九～四・一からの引用）。
536　バル四・三六～五・九。
537　バル五・三。
538　イザ四九・一六。ただし、ギリシア語訳旧約聖書（七十人訳）による。
539　ガラ四・二六。
540　本書第Ⅰ巻三・四、四・一、第Ⅱ巻七・四、八・三、一〇・三、一八・二～四、他随所参照。
541　本書第Ⅰ巻二九・四、訳註457、および本巻一八・二参照。
542　黙二〇・一一。
543　黙二〇・一二。
544　黙二〇・一三、一二。
545　黙二〇・一二～一四。
546　マタ二五・四一。

547 黙二〇・一五。
548 黙二一・一〜四。
549 ラテン語では女性名詞単数を受ける。直近の文脈でそれに該当するのは、「新しい地」。イザヤ書の該当箇所（六五・一八）では「エルサレム」。
550 イザ六五・一七〜一八。
551 Ｉコリ七・三一。
552 マコ一三・三一並行。
553 出二五・四〇参照。
554 黙二一・五〜六。
555 この文章は、言わば宙に浮いている感じがする。ブロックスは次節の冒頭に置き直し、そこで言われるように考えることが「理性に適っている」という読解を示唆している。
556 以下の太字部分は、ダマスコのヨハネ『聖なる抜粋集』（Sacra Parallela, ed. K. Holl, Leipzig 1899, S. 82）とカイサリアのアンデレアス『黙示録註解』一八（黙六・四）、六四（黙二〇・一一）に伝わるギリシア語本文による。ブロックスの訳註に再録されたギリシア語本文に準じる。
557 Ｉコリ七・三一。
558 イザ六五・一七。
559 以下の太字部分は、シナイのアナスタシウス『問答集』七四（Questiones et responsiones, PG 89所収）に伝わるギリシア語本文による。ブロックスの訳註に再録されたギリシア語本文に準じる。
560 イザ六六・二二。
561 この「長老たち」の詳細は不詳である。しかし文脈から推せば、以下次節のほぼ中央までは、彼らの聖書解釈を間接的に報告するものである。
562 マタ一三・八並行参照。
563 ヨハ一四・二参照。
564 マタ二二・一〜一四参照。

565 Ｉコリ一五・二五〜二六。
566 ラテン語の主語は三人称単数である。引用の出典先の詩八・七（一一〇・一も参照）を指すと解して訳す。
567 Ｉコリ一五・二七〜二八。
568 黙二〇・五〜六参照。
569 マタ二六・二九並行参照。
570 以下の〈 〉の部分は、アルメニア語訳にのみあってラテン語訳では欠落している。ブロックス版はそのアルメニア語訳をラテン語に直して掲出している。以下本訳はそれに基づく。
571 ヨハ五・二五、二八〜二九。
572 創一・三一〜二・一参照。
573 詩一三二・一四、一一八・二〇。
574 同格の「の」。「義人たちの王国」が第七千年紀を占めるということ。
575 黙二〇・四〜六参照。
576 ロマ八・一九〜二一参照。
577 ラテン語は eduxit「引き出した」。しかし、ルソー／ドートレロー／メルシエおよびブロックスはアルメニア語訳に基づいて、エイレナイオスのもともとのギリシア語は ἀποδιδούς であったことを推定している。本訳もこれに従う。
578 Ｉコリ二・九参照。
579 Ｉペト一・一二。

エイレナイオス『異端反駁』第五巻　訳者あとがき

本巻の刊行をもって、私が故小林稔神父の後を受けて進めてきたエイレナイオス『異端反駁』第Ⅰ巻（二〇一六年）、第Ⅱ巻（二〇一七年）、第Ⅴ巻の翻訳が終了する。同時に、小林神父自身の手による第Ⅲ巻（一九九九年）および第Ⅳ巻（二〇〇〇年）の翻訳と合わせると、当初から『キリスト教教父著作集』に収められる予定であった全五巻の刊行が完結する。

小林神父は第Ⅲ巻と第Ⅳ巻への訳者「解説」において、それぞれの巻の論述の順を追って、内容の概略をまとめておられる（第Ⅲ巻の「解説」の冒頭には、「主要論敵プトレマイオスの創作神話」の概説も置かれている）。しかし、全五巻にわたる『異端反駁』全体に係る解説は見られない。その欠をここで補っておきたい。

『異端反駁』の第Ⅰ巻は、著者エイレナイオスが後二世紀のリヨンで知り得た限りのグノーシス諸派の神話と教説（および一部は生活態度）を報告するものである。その巻末の「訳者あとがき」にも記したとおり、エイレナイオスの報告は、原則として正確で信頼に値するものである。第Ⅱ巻は、第Ⅰ巻で報告済みの神話と教説の基本的な点に、多くの論理矛盾が見出されるとして、それらを逐一暴露、反駁していく（Ⅱ序・二）。

それに続く第Ⅲ～Ⅴ巻では、エイレナイオス自身の本領が発揮される。その際、この三巻をエイレナイオス自身はどういう規準で区別しているのかと言えば、それは旧新約聖書の中の主としてどの部分に論拠を求めるかの違いによる。彼は「第三巻では、聖書によって証明を加えたい」(Ⅲ・序)と言い、第Ⅳ巻の序では「先に述べたことを主のことばによって確証しよう」(Ⅳ序・一)と述べ、第Ⅴ巻の緒言では、「これまで触れないまま残されてきた主の教えと使徒たちの手紙に基づいて、改めて論証を試みたい」と言う。

ただし、この論拠箇所の区分が厳密に実行されているとは言いがたい。しかし、重要なことは、さまざまな聖書箇所を論拠として、さまざまな切り口と文脈において、終始同じエイレナイオス固有の神学が提示されていくことである。それは一言で言えば、救済史的および啓示史的に構想された歴史神学である。それは人類の世界史を主眼としてはいるが、人間以外の被造物の歴史、いわゆる「普遍(万物)史」も視野に収めている。いささか概略に過ぎることを恐れずに、その骨子を組織化して示せば、次のようになる。

神の独り子であり、「ロゴス」(言)であるイエス・キリストは、聖霊とともに神の「両手」である。両者は万物に先立って神のもとに「先在」していた(Ⅳ二〇・三)。神は無から世界の素材を創造し(Ⅱ一〇・四)、御子と聖霊によって万物を形づくった。その最後に人間(アダム)を神の「かたち」(imago)と神との「類似性」(similitudo)にしたがって創造した(創一・二七)。すなわち、人間は御子によって肉体と心魂に神の「かたち」を与えられ、聖霊によって神との「類似性」を与えられた。それは完全な人間、すなわち神の「かたち」であるとともに神との「類似性」を有した人間となるためであった(Ⅴ六・一、二八・四)。しかし、創造された最初の人間はいわば幼児であったため、弱さゆえに堕罪を犯し、神との類似性の方を失ってしまった。

それにもかかわらず、神は古き被造物アダム(人類)を見捨ててしまったわけではなく、依然として以後の歴史全体を貫いて人間を教育し、完成へ向けて成長させていく。そのための神の計画に従って「神の両手」が働き続けるのである（Ｖ一・三）。すなわち、旧約時代には、時には御子ロゴスが自ら族長たちに（肉をまとわずに）現れて語りかけ、また別の時には聖霊を通して預言者たちをして語らしめて、やがて「時が満ちるに及んで」起こるべき自らの「受肉」の出来事を予言した（Ⅳ二〇・八、三六・八）。「受肉」して世に到来した御子ロゴスは、それまでの救済史全体を自分の中に再び統合した。それと同時に、それまで人間の目に見えなかった神の「かたち」を明示することによって、かつて失われた神との「類似性」を再び将来の完成に向けて確かなものとした（Ｖ一六・二）。今や、太初における神の人間創造は新たな発端を与えられて、やり直されることになる。そのやり直しの完成は、エイレナイオスの現在をも超えて、終末論的な未来に、すなわち万物の完成の時に待望される（Ｖ三六・三、Ⅰ一〇・一）。その時、人間の肉は霊によって復活させられ、神を見て不滅性を与えられる。そして人間は最終的に神の「かたち」と神との「類似性」にしたがって完成される（Ⅳ三八・三～四）。神の独り子が人間となった「受肉」の出来事に、人間が高貴で神的な存在へ変えられる完成が対応することになる（Ⅲ一九・一、Ｖ三六・三）[1]。

これを言わば全体枠とすれば、その中で第Ｖ巻に特に顕著なテーマは何なのか。それは終末論（Ｖ二五以下）、とりわけ、いわゆる「千年王国論」（Ｖ三三以下）である。それは同時に独特な創造論でもある。すなわち、普遍史の「終わり」から「始め」が完成されるという見方である。そこでは、太初に始められた神の創造の業が救済史の全体にわたって継続し、その終極から完成される。創造が包括的かつ連続的なものとして理解されるのである。そのことは、エイレナイオス自身が『異端反駁』全巻の結びに当たる第Ｖ巻二八～三六章で、繰り返し明言している。それによれば、創世記一章で語られている創造の六日間は、「かつての天地創造がどう行われたかを説明すると同時に、それが未来へどう続いて行くかも予言している」（Ⅴ二八・三）のである。なぜなら、神の一日は千年だから（Ⅱペト三・八）であり、創造の六日間は実は六千年を意味するからである。

その六千年は、「神の両手」が神の計画にしたがって活動すると同時に、人間たちの間では背信、不義、愚昧、偽預言、謀略が相次ぐ世界史と重複する（Ⅴ二九・二）。その最後に、「反キリスト」の王国が登場し、サタンから委託された王権を思うがままに揮い、それまでの六千年全体にわたって続いてきた暴虐がその一身に総括される。

しかし、主が天から栄光のうちに再臨することによって、「反キリスト」の王国は終わり、「義人たちの王国」が始まる（Ⅴ三〇・四）。それは創造の第七日、すなわち第七千年紀にあたり、神と共に義人たちが安息する時である。その初めには、これまでの被造世界全体が更新される（ロマ八・一九〜二一参照）。義人たちはその更新された被造世界へ復活し、主とともに千年にわたって支配する（黙二〇章の「千年王国」参照）。更新され解放された大地は、あらゆる食物と果実で満ち満ちた世界として描かれる（Ⅴ三三・三）。

その第七千年紀の千年王国においても、人間（人類）は不滅性に到達するために、段階を追った準備と進歩のプロセスをたどらねばならない（Ⅴ三二・一、三五・二）。その言わば準備期間に当たる「義人の王国」が終わった後、「万人の復活」と「最後の審判」を経て「神の王国」が最終的に実現する。それは「神の都」とも「新しいエルサレム」とも呼ばれる。そこでは万物が神に帰一し（Ⅰ一〇・一）、人間が神の「かたち」と「類似性」にしたがって最終的に完成される。それに先立つ「義人たちの王国」はその予型（Ⅴ三五・二）に過ぎない。

ただし、この至福の千年王国の描写については、それがあまりに感性的・物質的でありすぎて、エイレナイオスの神学には合致せず、後代の付加だとする学説も早くから少なくない。その最も典型的な例がA・フォン・ハルナックの見解である。ハルナックによれば、エイレナイオスの千年王国論は、すでに述べた包括的で連続的な創造の観念ともどもに、「弁明的・倫理的」観念群として一括され、アダム・キリスト類型論によって代表される「神秘的・思弁的」観念群と対立させられる。後者では、「第二のアダム」、つまり受肉した神の独り子イエス・キリストが、「最初のアダム」が犯した罪とそれによって失ったもの（神との類似性）を修復するという図式になる。そのために、その視線は時間軸を遡行することになり、千年王国論の前方志向的な視線とは逆になる。そこからハルナックは、千年王国論を含めて「弁明的・倫理的」観念群を「先史的な遺物」(ein archäisches Rest) と断じている。それは伝統的な「信仰の規準」(regula fidei) のゆえに、またエイレナイオスの時代の月並みなキリスト者の大多数が抱いていた感性的・物質的な終末待望に妥協するために、敢えて保持されたものに過ぎないとも言う[(2)]。E・シャルルも、エイレナイオスに本来的な「真理の有機体」の中では、目下の箇所の千年王国論は明らかな「異物」だと見做している[(3)]。

もちろん、ハルナックとシャルルにしても、千年王国論について述べる箇所（特にV三三章以下）が事後的にだれか別人によって付け加えられたと明言しているわけではない。ましてやそのことを文献学的に論証できているわけでもない。あくまで神学上の傾向性についての判断に過ぎない。したがって、当然ながら、彼らに対する反対意見も少なくない。私もまたその一人である。

たしかに、その後のキリスト教の教義史の中では、まもなく千年王国論は強い嫌疑の目で見られていくことになる。例えば、アウグスティヌスもかつては千年王国論者であったことを隠さないが、大著『神の国』では、はるかに慎重な立場に転じている（XX巻七～九章）。

そのような慎重さはエイレナイオスにはまだ無縁である。私の見るところでは、千年王国の描写が感性的・

物質的である分、エイレナイオスの終末論は人間中心主義を脱して、空間的には、自然世界も視野に収めた普遍史的な性格を強めているのである。時間的な側面では、前述のように、創造の業がその普遍史全体の中に延伸される。

この二つの意味で包括的・連続的な創造論を構築することによって、太古に万物を創造した神（創造神）と、やがて万物を救済して完成へもたらす神（救済神）が同一の神であることを論証すること。これこそが両者を分割したグノーシス主義へのエイレナイオスの論駁の核心なのである。

今訳業を終えるに当たって、私の内に一つの強い印象が残っている。それは『異端反駁』の論述を終始貫いている共時性と有機性である。第Ⅲ巻から第Ⅴ巻まで、エイレナイオスが自分自身の救済史的・啓示史的歴史神学の論述に集中しているときにも、突然グノーシス神話の一定の文言が引かれたり、暗黙裡に示唆されて、それに対する論駁がなされることがある（例えば、Ⅴ三五・二）その際、エイレナイオスは、どこで報告済みのどのグノーシス教派のことを指しているのか、そのつど逐一断ることはないが、間違いなく第Ⅰ巻の報告の特定の箇所で報告済みのことを念頭に置いているのである。

他方で、『異端反駁』全五巻の翻訳原稿は、四百字詰め原稿用紙に換算すると、おそらく千五百枚から二千枚に及ぶ。これだけの分量にわたって、今述べた意味での共時性と有機性を貫くためには、どれほどの集中力が求められることであろうか。それも、切り貼り、置き換え、増補、削減が自由自在のワープロのある現代とは違い、貴重なパピルスあるいは羊皮紙に、つねに書き損じを恐れながら、書き下ろしていったのである。その点に思いを潜めれば、エイレナイオスが第Ⅰ巻の序に記している次の一文は、結果として、謙遜以外の何物でもないと言うべきであろう。

私は日頃ケルト人の間で暮らしていて、大半の時間を蛮族の言葉に追い回されて過ごしている。そのような私に洗練された話術など期待しないでいただきたい。私はそのようなものを学んだこともないのである。著作家の能力も期待しないでもらいたい。私はそのための訓練を受けたことがない。見事な弁舌や説得術の覚えもない。私にできることはただ愛をもって単純かつ真実にそして朴訥に書くことである。（I序・三）

私にとってエイレナイオス『異端反駁』は、グノーシス研究との係わりからも終始重要であった。しかし、そもそも初めての出会いは、一九七八年の夏学期、当時留学していたミュンヘン大学神学部でW・パンネンベルク教授のゼミナールで単位取得のために課された論文「エイレナイオスにおける『再統合』と救済史」(4)がきっかけであった。そこでは、当然ながら、第Ⅲ巻以降で展開されるエイレナイオス自身の前述の救済史的・啓示史的歴史神学こそが主たる対象だった。なぜW・パンネンベルク教授が当時私にこの課題を与えられたのか、改めて了解できる思いがする。教授が構築した普遍史の神学がエイレナイオスと深く親和的であることは明らかである。この拙い翻訳を今は亡き教授に献げる所以である。

本巻の翻訳の底本は A. Rousseau / L. Doutreleau / C. Mercier (ed. et trad.), Contre les hérésies V, Sources Chretiennes 152, Paris 1969 である（ルソー／ドートレロー／メルシエと略記）。それと並行して、Norbert Brox (Hg. u. Übers.), Adversus Haereses / Gegen die Häresien V, Fontes Christiniani 8/5, Freiburg 2001 を使っているが（ブロックスと略記）、本文は前者のものの再録である。

教文館の渡部満社長と出版部の髙橋真人さんには、第I巻から本巻に至るまで、表記の統一をはじめとする実に細かな作業において、終始変わらないお助けをいただいた。ここに記して心からの謝意を表したい。

二〇一七年七月

大貫　隆

訳者あとがき　註

1　以上については、大貫隆『ロゴスとソフィア――ヨハネ福音書からグノーシスと初期教父への道』教文館、二〇〇一年、一六一～一六二頁を参照。

2　A. von Harnack, Lehrbuch der Dogmengeschichte, Bd. 1: Die Entstehung des kirchlichen Dogmas, Tübingen 1909 (4. Aufl.), Neudruck Darmstadt 1964, S. 593, 615; 大貫隆、前掲書二一一～二一二、二三一頁参照。

3　E. Scharl, Recapitulatio mundi. Der Rekapitulationsbegriff des heiligen Irenaeus und seine Anwendung auf die Köperwelt, Freiburg i. Br. 1941, S. 85-94.

4　前出註１に上げた拙著に所収。

エイレナイオス『異端反駁』全巻内容

第一巻

第二巻

第一部　創造神の上にあるというプレーローマに関するヴァレンティノス派の教説への反論（一・一～一一・二）

一　プレーローマあるいは本当の神の外にあると思われている世界（一・一～五）

二　天使あるいはデーミウールゴスによって作られたと思われている世界（二・一～六）

三　世界がその中に作られたという「空虚」（三・一～四・一）

四　世界がそこに由来するという「無知」（四・二～六・三）

怠け者である父（四・二）

無力な光（四・三～五・一ａ）

無知のうちにあるアイオーンたち（五・一ｂ～二）

必然性の奴隷である神（五・三～四）

天使たちやデーミウールゴスのもとにある無知（六・一～三）

五　プレーローマの現実の「似像」（七・一～八・二）

滅亡に捧げられた世界（七・一～二ａ）

無知なデーミウールゴス（七・二ｂ）

多くの変化に富んだ被造物（七・三～四）

プレーローマそのものも上の現実に似せられたもの（七・五）

プレーローマの現実に矛盾するこの世の諸々のもの（七・六～七）

上の現実の「陰」（八・一～二）

六　結論（八・三～一一・二）

第一部の要約（八・三）

創造神に有利な一致した証し（九・一）

異端者たちの「父」のための証しなどない（九・二～一〇・二）

信頼に足る信仰の教えと異端者たちの説の不条理（一〇・三～一一・二）

第四部　最後の完成とデーミウールゴスに関するヴァレンティノス派の説への反論（二九・一〜三〇・九）
一　三つの本性ないし実体の最終的な運命（二九・一〜三）
二　デーミウールゴスの本性を心魂的だと思いこんでいる（三〇・一〜九）
その作品によって証明されるデーミウールゴスの卓越性（三〇・一〜五）
霊的存在の作者であるデーミウールゴス（三〇・六〜八）
結論、創造神が唯一の真の神である（三〇・九）

第五部　ヴァレンティノス派以外の人々の若干の主張に対する反論（三一・一〜三五・三）
一　前置き（三一・一）
二　シモンとカルポクラテスの主張（三一・二〜三四・四）
魔術行為（三一・二〜三）
あらゆる活動に耽ることへのいわゆる必然性（三二・一〜二）
イエスに対するいわゆる優越性（三二・三〜五）
魂のいわゆる転生（三三・一〜三四・一）
魂のいわゆる死すべき運命（三四・二〜四）
三　諸天の大いなる数に関するバシリデースの主張（三五・一）
四　神々が多数だという「グノーシス派」の主張（三五・二〜三）
第二巻の結び（三五・四）

第三巻

緒言、聖書による証明（序）

唯一の真の神に関する、使徒行伝が記すステファノの証し（一二・一〇～一三）
唯一の真の神に関する、使徒行伝が記すエルサレム使徒会議の証し（一二・一四～一五）

四　**補足（一三・一～一五・三）**
パウロの証し以外は受け入れない人々に対して（一三・一～三）
ルカの証しを拒否する人々に対して（一四・一～四）
パウロの証しを拒否する人々に対して（一五・一～三）

第二部　自分の被造物の再統合のために人の子となった、神の子なる唯一のキリスト（一六・一～二三・八）

一　**神の子は本当に人となった（一六・一～一八・七）**
グノーシス主義者は受肉の現実を斥けるが、神の子は本当に人となった（一六・一）
神の子が本当に人となったことに関するマタイの証し（一六・二）
神の子が本当に人となったことに関するパウロの証し、その一（一六・三a）
神の子が本当に人となったことに関する（マルコと）ルカの証し（一六・三b～五a）
神の子が本当に人となったことに関するヨハネの証し（一六・五b～八）
神の子が本当に人となったことに関するパウロの証し、その二（一六・九）
人となった神の子に降り、人類のうちに住むことに慣れた聖霊（一七・一～四）
神の子が本当に人となったことに関するパウロの証し、その三（一八・一～三）
神の子が本当に人となったことに関するイエス自身の証し（一八・四～六）
人を救う者は人でなければならなかった（一八・七）

二　**イエスは人であるだけでなく、処女の胎で受肉した神の子である（一九・一～二一・九a）**
神の子だけが人間を解放できる（一九・一）
キリストは人であり神の子である（一九・二～三a）
インマヌエルのしるし（一九・三b）

ヨナのしるし（二〇・一～二）
自らを救えない人間のため、主自身が救い主となった（二〇・三～四）
インマヌエル預言のユダヤ人によって曲げられた解釈（二一・一～三a）
インマヌエル預言の真の内容（二一・三b～六）
神の子の処女からの誕生証明の補充（二一・七～九a）

三　アダムの再統合（二一・九b～二三・八）

処女から誕生した新しいアダム（二一・九b～一〇）
真に人間として生まれた新しいアダム（二二・一～二）
新しいアダムと新しいエバ（二二・三～四）
死の支配下に陥ったアダムを、神は決定的に棄てることができない（二三・一～二）
惑わされ、悔いたアダムに対する神の憐れみ（二三・三～七）
タティアノスの誤り（二三・八）

第三巻の結び。教会の使信を受け入れない人々の不幸（二四・一～二五・七）

異端者は教会から出ることで、真理の霊から自らを締め出している（二四・一～二a）
世に対して自らの摂理を行なわない、そのような神の虚しさ（二四・二b～二五・一）
よきものではあっても義なるものではない神の虚しさ（二五・二～七）

第四巻

緒言（序）

第一部　両契約の一致のイエスの語録による証し（一・一～一九・三）

あなたがたの父はただひとり、天にいる父だけ（一・一～二）
天地の主なる父よ、わたしはあなたをほめたたえます（二・一～二）

モーセを信じたなら、私をも信じたであろう（二・三〜四）
天は神の玉座、地はその足台、エルサレムは大王の都（二・五〜七）
「天地は過ぎ去る」に基づく反論に対して（三・一）
エルサレムが棄てられたことに基づく反論に対して（四・一〜五・一）
彼は死者の神ではなく、生きている人々の神である（五・二）
アブラハムは私の日を見た（五・三〜五）
父の他に子を識る者はなく子と子が啓示しようと思う者との他に父を識る者はない（六・一〜七）
アブラハムは父を識っていた（七・一〜四）
アブラハムと預言者たちは天の国にいる（八・一）
安息日の遵守（八・二〜三）
新しいものと古いもの（九・一）
神殿とヨナとソロモンにまさるもの（九・二〜三a）
神のことばである律法（九・三b）
モーセ五書の中に散りばめられている神の子（一〇・一〜二）
預言者たちはキリストを見たいと憧れた（一一・一〜四）
律法の中の本質的なもの・最大の掟（一二・一〜三）
彼らがあなたがたに言うことはすべて守りなさい（一二・四）
掟を守りなさい（一二・五）
廃止するためではなく、成就するために私は来た（一三・一〜三）
私はもうあなたがたをしもべとは呼ばない（一三・四a）
神は何も必要としない（一三・四b〜一四・二）
人の益のために課された律法（一四・三〜一五・二）
割礼と安息日およびその他の律法の規定（一六・一〜五）
予型的な象徴としての犠牲（一七・一〜四）

第二部　新約の預言としての旧契約（二〇・一～三五・四）

第五巻

受肉はマルキオン派の人々を無にする（二・一）
受肉は肉体の復活を否定するすべての人々を無にする（二・二〜三）

二　神の力のわざとしての肉なる人の復活（三〜五章）

私の力は弱さのうちに現れる（三・一）
神は肉を生かすことができ、肉は神によって生かされることができる（三・二〜三）
異端者たちの描くいわゆる「父」は無力とねたみに他ならない（四・一〜二）
神の生かす力を描く聖書の諸例（五・一〜二）

三　肉の復活を証しするパウロの本文（六〜八章）

あなたがたが全体として、つまり霊と魂と体が非のうちどころなく保たれるように（六・一）
神の神殿、キリストの肢体である肉は死によって決定的に消え去るのではない（六・二a）
キリストの身体的復活がわれわれの身体的復活を保証する（六・二b〜七・一a）
肉は不滅の、栄光ある、霊的なものとして復活することになっている（七・一b〜二a）
将来の復活の前払い額として、この世で信じる者に与えられている霊（七・二b〜八・一）
霊的なものと肉的なもの（八・二〜三）

四　「血肉は神の王国を嗣ぐことができない」という句の真の意味（九〜一四章）

「肉と血」（九・一〜二a）
肉の弱さとやる気のある霊（九・二b）
泥的なものの似像と天上的なものの似像（九・三）
霊によって嗣がれる肉（九・四）
霊の接ぎ木（一〇・一〜二a）
「あなたがたは肉のうちにではなく霊のうちにある」（一〇・二b）
肉の業と霊の実（一一・一a）
「不義な者は神の王国を嗣がない」（一一・一b〜二）
「命の息」と「生かす霊」（一二・一〜三a）

「あなたがたは自分の地上的な肢体を殺せ」（一二・三b～四）
キリストによってなされた癒しと復活（一二・五～一三・二）
「朽ちゆくものが将来、不滅性を着ることになる」（一三・三～五）
「あなたがたは肉の体によって和解させられた」（一四・一～四）

第二部　創造神と父なる神との同一性を証しするキリストの生涯における三つの出来事（一五～二四章）

一　生まれつきの盲人の癒し（一五・一～一六・二）

創造神によって約束された復活（一五・一）
生まれながらの盲人の治癒は人類の起源における御言葉の創造的業を示す（一五・二～三）
一つの地、ひとりの神、ひとりの御言葉（一五・四～一六・二）

二　十字架上の死（一六・三～二〇・二）

木を通しての不従順が木の上での従順によって修復された（一六・三）
われわれが罪を負っていたその同じ相手によって罪の赦しが与えられた（一七・一～三）
木による救いの営みを予型として示したエリシャ（一七・四）
自分の被造物によって担われた御言葉（一八・一～二a）
自分の領域に来た御言葉（一八・二b～三）
教会の一致した教えと対照的な異端者たちの諸教説の相互矛盾（一九・一～二〇・二）

三　キリストの受けた誘惑（二一・一～二四・四）

アダムの堕罪に対応する、悪魔に対するキリストの勝利（二一・一）
律法を与えた神の戒めのにより、勝利をえたキリスト（二一・二～二二・一）
律法を与えた神の同じ戒めにより、自分のなすべきことを教えられたキリスト者（二二・二）
初めからうそつきだった悪魔（二三・一～二）
地上の王権は神によって立てられたのであって、悪魔によってではない（二四・一～四）

第三部　創造神と父なる神との同一性を証しする、終りの時に関する聖書の教え（二五〜三六章）

一　反キリスト（二五・一〜三〇・四）

反キリストの背きと、エルサレム神殿で神として礼拝されようという野望（二五・一〜五）

最後の王国の分裂とキリストの最終的勝利（二六・一〜二a）

サタンとその背きに加担する人々への神の正当な裁き（二六・二b〜二八・二a）

すべての背きの総括前兆である反キリストの数字化された名前（二八・二b〜二九・二）

反キリストの数字化された名により、その名を今から知ることができるのか（三〇・一〜四）

二　義人たちの復活（三一・一〜三六・二）

義人たちの天的生命への歩みの発展段階（三一・一〜二）

神により父祖たちになされた約束の実現としての義人たちの王国（三二・一〜二）

キリストにより、またヤコブとイザヤの預言によって告げられた地を嗣ぐこと（三三・一〜四）

地におけるイスラエルの復興、それは主のものに与るため（三四・一〜三）

栄光のうちに再建されるエルサレム（三四・四〜三五・一）

義人たちの王国の後、すなわち上のエルサレムと父の王国（三五・二〜三六・二）

結び　ひとりの父、ひとりの子、一つの人類（三六・三）

マ行

ヤ行

ラ行

ワ行

タ行

ナ行

ハ行

『異端反駁』第5巻　語句索引

〔→ 印は，(1) 該当する頁が → 印の指示先の項目に一緒に挙げられているか，(2) 内容的に関連する項目を意味する。〕

ア行

カ行

サ行

訳者紹介
大貫　隆（おおぬき・たかし）
1945年静岡県生、1980-1991年東京女子大学、1991-2009年東京大学大学院総合文化研究科、2009-2014年自由学園最高学部勤務、現在東京大学名誉教授。
主要編著書　『グノーシス考』（岩波書店、2000年）、『グノーシス――陰の精神史』・『グノーシス――異端と近代』（共編著、岩波書店、2001年）、『ロゴスとソフィア――ヨハネ福音書からグノーシスと初期教父への道』（教文館、2001年）、『グノーシス「妬み」の政治学』（岩波書店、2008年）、『グノーシスの神話』（講談社学術文庫、2014年）
訳書　『ナグ・ハマディ文書』（全4巻、共訳、岩波書店、1997-1998年）、クルト・ルドルフ『グノーシス――古代末期の一宗教の本質と歴史』（共訳、岩波書店、2001年）、『グノーシスの変容』（共訳、岩波書店、2010年）、ハンス・ヨナス『グノーシスと古代末期の精神』（全2巻、ぷねうま舎、2015年）

キリスト教教父著作集　第3巻Ⅲ

2017年9月30日　初版発行

訳者　大貫　隆

発行者　渡部　満

発行所　株式会社　教文館

〒104-0061　東京都中央区銀座4-5-1

電話　03-3561-5549　FAX　03-5250-5107

URL　http://www.kyobunkwan.co.jp/publishing/

印刷所　文唱堂印刷株式会社

製本所　小高製本工業株式会社

配給所　日キ販　東京都新宿区新小川町9-1　電話　03-3260-5670　FAX　03-3260-5637

　ISBN978-4-7642-2925-9　Printed in JAPAN